全国特色ある研究校便覧

令和4・5年度版

全国連合小学校長会 編

まえがき

全国連合小学校長会は、結成以来、我が国の小学校教育の充実・発展のため、真摯に研究と実践を重ねるとともに教育条件の整備に努め、多大な成果をあげてきた。

これからの社会は、Society5.0の実現に向けて急速に変化するとともに、グローバル化も一層進んでいく。さらに、少子高齢化社会・人口減少社会を迎え、労働構造も大きく変わっていくことになる。また、新型コロナウイルス感染症に対応した、新しい社会様式による教育活動は今後も続くことが予想される。

このような中で、主体性をもって生きていくためには、予測困難な状況に対応する力を付けるという発想から、変化の中で自ら新たな価値を作り出す力を付けるという発想への転換が必要である。さらに、答えのない問いに立ち向かい、多様な立場の者と協働しながら最適解や納得解を生み出す力が求められている。そして学校は、ＳＤＧｓに代表される持続可能な社会の創造者を育成するため、「知識及び技能」「思考力・判断力・表現力」「学びに向かう力や人間性」といった三つの力をバランスよく育む教育を実現していかなければならない。そのため校長は、明確なビジョンを掲げ、学校組織の活性化を図り、創意ある教育課程の編成・実施・評価・改善に努めなければならない。

全国連合小学校長会は、三年目を迎える研究主題「自ら未来を拓き ともに生きる豊かな社会を創る 日本人の育成を目指す小学校教育の推進」を掲げ、第七十四回研究協議会島根大会に臨む。これまで積み上げられてきた成果を礎に、更なる研究協議を深め進めてまいりたい。

この『全国特色ある研究校便覧』に掲載されている二百三十三校の研究校は、いずれも地域に即した特色があり、様々な研究指定を受けている学校が多く、研究の成果を上げている学校である。また、研究に関わる情報提供や管外視察等に十分に資する学校でもある。全国連合小学校長会、約一万八千余名の会員の指標となる優れた実践が掲載されている本書が、全国の教育現場において十分に活用されることを心から期待する。

終わりに、本書の作成に当たり、多大なご協力をいただいた各都道府県小学校長会、ご執筆いただいた当該小学校長、さらには、編集に当たられた本会の広報部長並びにシリーズ等編集委員会の皆様に心より感謝の意を表する次第である。

令和四年四月

全国連合小学校長会長
大　字　弘一郎

全国特色ある研究校便覧　もくじ

▽本書利用に際して△

○もくじは研究テーマ別になっています。
○視察地区が確定の場合は、巻末の都道府県別索引をご利用ください。
○本文の学校名の右に示した①〜⑦の記号は以下の通りです。
①校長名、②学級数（内特別支援学級数）、③児童数、④学校所在地、⑤電話、⑥交通の便、⑦ＨＰ（ホームページ）の有無

Ⅰ　学校経営

3 地域社会の特色を生かした学校経営

4 児童が充実感や成就感をもてる学校経営

5 校内組織の活性化を目指す学校経営

2 「生きる力」を育む教育課程の編成

3 地域社会の特色を生かした教育課程の編成

4　社会に開かれた教育課程

5　カリキュラム・マネジメントの推進

Ⅲ　教育活動

1　思考力・判断力・表現力の育成

5　プログラミング教育

10　図書館教育・読書指導

11　安全・防災教育

12　各教科

国　語

算　数

理　科

図画工作

体　育

特別活動

13　特別の教科　道徳

14 外国語活動・外国語科

15 総合的な学習の時間

I　学校経営

●「生きる力」を育む学校経営
●創意ある学校経営
●地域社会の特色を生かした学校経営
●児童が充実感や成就感をもてる学校経営
●校内組織の活性化を目指す学校経営
●地域社会・家庭との連携
●幼保小中の連携
●小中一貫
●コミュニティ・スクール（学校運営協議会制度）

◇北海道釧路市立清明《せいめい》小学校

①中原英雄　②一七（五）　③三五一　④北海道釧路市緑ヶ岡四―八―七　⑤〇一五四（四一）八一九六　⑥JR釧路駅よりバス一〇分、徒歩二〇分、タクシー五分　⑦HP㊒・無

考えを紡ぐ子どもの育成
――指導と評価の一体化による授業改善――

本校は、令和三年度から「学校力向上に関する総合実践事業（地域指定）」を受け、管理職のリーダーシップの下、全教職員が一つのチームとなって包括的な学校改善を推進する学校モデルを提示し、地域内はもとより広くその実践の成果を普及、啓発するシステムを構築している。特に令和三年度は、「社会に開かれた教育課程の実現に向けた学校改善」、「質の高い教育活動を行う働き方改革の実施」を重点として、中学校区内四校（中一校、小三校）の中核校として地域協議会を組織し、協働的な組織体制の確立に向け実務レベルの協議等を重ね取組を進めた。

令和三年十二月には、地域協議会を通じて学校公開研究校として実践を発表した。

〈近隣の教育・文化施設〉　釧路市内には縄文時代前期の史跡である貝塚と住居跡が公園化されているところが大小十一箇所あり、徒歩圏内にはアイヌ砦跡であるモシリヤチャシがある。

◇富山県富山市立堀川《ほりかわ》南《みなみ》小学校

①米田真二　②二八（特二）　③八三五　④富山県富山市本郷町二八二―三　⑤〇七六（四二三）一一二四　⑥富山地方鉄道上滝線朝菜町駅より徒歩一四分　⑦HP㊒・無

仲間と関わりながら情操豊かに生きる子どもの育成
――非認知能力を育む教育活動を通して――

堀川南の略称「ほ・り・なん」から、「ほんきで考える子　りそうをもつ子　なんどでも挑戦する子」が子どもたちの合言葉になっている。「主体的な学びの育成、非認知能力の育成、健康な心身の育成」について数値目標を掲げ、その合言葉に寄り添う教育に努めている。

今年度は、コロナ禍にあって、特に、コミュニケーション能力、目標に向かって頑張る力、思いやりや良心など、ペーパーテストでは測れない内面的な力「非認知的能力」を育てることに力点を置いた。児童会が考案した「ぽかぽかカード」は一日で五十枚前後のエピソードが集まり、「非認知能力」が掲示板を埋め尽くした。

今後も情操豊かな子どもの育成を目指していく。

〈近隣の教育・文化施設〉　県美術館、県水墨美術館、市ガラス美術館、市民俗民芸村、市科学博物館など、芸術・文化施設が充実している。立山黒部アルペンルート立山駅へは電車で一時間。

◇北海道札幌市立盤渓《ばんけい》小学校

①高屋敷よし子　②六　③一二一　④北海道札幌市中央区盤渓二二六　⑤〇一一（六四二）三二二三　⑥札幌市営地下鉄東西線円山公園駅よりバス一五分　⑦ＨＰ㊒・無

小規模特認校としての特色を生かした学校経営
――生涯スポーツへの意欲と豊かな人間性を育む――

本校は、昭和五十二年度に、全国初の小規模特認校として認可された小学校である。令和三年度は、全校児童百二十一名中百十一名が、希望して校区外から通学している。

学校教育の二本の柱は、生涯スポーツへの意欲を高める「体力づくり」と、豊かな人間性を育む「縦割活動」である。「体力づくり」では、サーキットトレーニングやマラソン、ボルダリング、スキーなど多様な活動を取り入れ、自己課題をもち進んで運動に親しむ子どもの姿を目指している。「縦割活動」では、リーダーシップとフォロワーシップを意識させ、登山遠足やサッカー大会、雪中レクなどの活動に取り組むことを通して、思いやりの心と協働する態度の育成を図っている。

〈近隣の教育・文化施設〉　学校から徒歩五分の位置に「さっぽろばんけいスキー場」がある。七基のリフト、初級から上級まで変化にとんだコースを有し、多くのスキーヤーが訪れる。

◇山梨県韮崎市立甘利《あまり》小学校

①千野　毅　②一七（特三）　③三八五　④山梨県韮崎市大草町上條東割八二一―一　⑤〇五五一（二二）〇四八三　⑥ＪＲ中央線韮崎駅よりバス一三分（南宮神社下車）徒歩二分、又はタクシーで一〇分　⑦ＨＰ㊒・無

主体的に考え、未来を拓く子どもの育成
――学級力向上プロジェクトの取組を通して――

教師と児童の信頼関係及び児童相互のよりよい人間関係を育てる土台となる学級経営を実施する。そのためには、教師と児童で理想を共有し、一緒になって温かい学級を作っていくことが大切である。具体的には、学級の様子を自己診断・自己評価するための学級力アンケートを実施する。アンケート調査の結果を集約することにより、目標を立て、毎日の学習や遊びの中で意図的・計画的に取り組む実践的な仲間づくりの活動（学級力向上プロジェクト）に取り組む。

学校の教育活動全体において、学級力向上プロジェクトの取組を生かした、きめ細かな指導を通して、基礎学力の向上や良好な人間関係を築こうとする児童が育つことを明らかにする。

〈近隣の教育・文化施設〉　韮崎市には、ノーベル生理学・医学賞を受賞した大村智氏が収集した美術品を展示する韮崎大村美術館、同氏が名誉館長を務める韮崎市立大村記念図書館がある。

◇岐阜県中津川市立南《みなみ》小学校

①小木曽敏樹　②一四（特二）　③三五八　④岐阜県中津川市昭和町六―四七　⑤〇五七三（六六）一三六九　⑥JR中央本線中津川駅より徒歩一二分、又はタクシーで三分　⑦HP㊒・無

学ぶ楽しさを実感する子の育成
――見方・考え方の見える化と自己変容の自覚――

本校は、平成十八年より東濃地区教育推進協議会指定研修校として、子どもたちの確かな学力を育成する教科研究に取り組んできた。三年生以上には教科担任制を実施し、算数、外国語、音楽など四から五教科で教科の専門性を生かした授業を行っている。また、同じく三年生以上には学年担任制を導入し、組織を生かした児童理解に取り組んでいる。

本年度はさらに、岐阜県教育委員会より「ICT活用モデルの構築・推進事業」実践フィールド校の指定を受け、三年間、授業におけるICTの効果的な活用について研究実践に取り組んだ。研究のための研究、発表のための実践にならぬよう、子どもたちの生きる力を育むための研究実践を行った。

〈近隣の教育・文化施設〉　中津川市は、中山道の宿場町であり、和菓子栗きんとん発祥の地である。地歌舞伎などの伝統文化や、故郷の偉人島崎藤村、前田青邨などの記念館・資料館がある。

◇高知県宿毛市立宿毛《すくも》小学校

①段松淑子　②一九（特六）　③三六四　④高知県宿毛市桜町八―五　⑤〇八八〇（六三）三一一五　⑥土佐くろしお鉄道東宿毛駅より徒歩一一分　⑦HP㊒・無

生きて働く読解力の育成
――キャリア発達を促す探究的な授業づくり――

平成三十一年度から高知県教育委員会指定の「授業づくり講座」の拠点校として、資質・能力の育成に向けた国語科の授業づくりの研究と実践に取り組んでいる。

年に複数回の教材研究会や授業研究会を公開し、授業改善のPDCAサイクルを回しながら、組織的・協働的に推進している。

また、メンター制によるOJTの体制を構築し、若年教員の資質・能力の育成も意図的・計画的に進めている。

〈近隣の教育・文化施設〉　宿毛市立宿毛歴史館・宿毛文教センター・坂本図書館がある。

◇山形県金山町立明安《めいあん》小学校（令和四年度より金山小へ統合）

①石川　周　②六（特二）　③二七　④山形県最上郡金山町大字下野明一六九六―一　⑤金山小〇二三三（五二）二〇六九　⑥山形交通金山線山崎バス停より徒歩三五分、又はタクシーで五分　⑦ＨＰ有・無

地域の教育資源を活用した教育活動の推進
――つながる　つくる　ふるさと学習――

本校の明安子ども歌舞伎は、平成九年度より安沢歌舞伎保存会より指導を受け総合的な学習の時間に取り組んできた。町伝統芸能発表会発表に学習を進めたがコロナ禍の為二年連続中止となった。明安っ子フェステバル（学習発表会）で発表となる。五・六年の総合的な学習の時間のテーマは、『金山の未来を考えるプロジェクト』本町の自慢を考えＰＲ。自慢の一つ、歌舞伎を題材とした。伝統とは、演ずる役は何か、隈取や見得、六法の意味等を調べる中で、学習の意欲に繋がった。明安っ子フェステバルで役目を演じ切った。本校は令和三年度末に百四十年の歴史に幕を下ろすが、子どもたちに宿った地域を愛する心は、どこでもいつでも消えることはないだろう。

〔近隣の教育・文化施設〕　金山町は街並み景観づくり百年運動を推進している。自然・風景と調和した街並みを創ろうというもので、産業振興や人と自然の共生を図るというものである。

◇長野県飯田市立上村《かみむら》小学校

①北原文雄　②三　③一八　④長野県飯田市上村八三八　⑤〇二六〇（三六）二一四一　⑥ＪＲ飯田線平岡駅よりタクシーで二三分　⑦ＨＰ有・無

学校と地域が協働するＥＳＤ for ＳＤＧｓ
――小さな小学校の世界につながる大きな挑戦――

南アルプスの谷あいに位置し、開校百五十周年を迎え、学校教育目標は「自ら学び、豊かな心を持ち、たくましく生きる上村の子」である。平成三十年に飯田市小規模特認校制度の実施により全校生徒九名となった。地域住民・保護者・学校の三者で、上村を愛し、上村に誇りをもち、将来の上村を背負って立つ子どもの育成を目指す「かみむらっこ応援団」が組織された。

地域の皆さんと一緒に、下栗いもほり体験、しらびそ高原開山祭参加、霜月祭横笛練習などを行ってきている。総合的な学習の時間を中心にＥＳＤを推進していく教育課程を編成してきた。子どもは上村の自然や霜月祭を多くの人に知ってほしいという願いをもって活動している。

〔近隣の教育・文化施設〕　南アルプスは日本ジオパークに認定、ユネスコエコパークに登録された。国の重要無形民俗文化財の霜月祭が行われ、日本のチロルと呼ばれる下栗の里がある。

◇奈良県奈良市立飛鳥《あすか》小学校

①水上雅裕　②二一（特六）　③四四四　④奈良県奈良市紀寺町七八五　⑤〇七四二（二六）三三〇一　⑥奈良交通バス紀寺町下車徒歩約二分　⑦HP㊒・無

地域とともに創造する「奈良大好き世界遺産学習」
――郷土の良さに気付き、誇りをもつ総合学習――

本校は今年度で創立百四十八年を迎える奈良市で二番目に古い伝統校である。本校区内およびすぐ近くに、奈良公園をはじめ春日大社、興福寺、東大寺、元興寺といった世界遺産が点在している。そのため、校区（街）探検を短時間行う中でも現地での世界遺産学習を行うことができるなど、立地に恵まれている。新型コロナウイルス感染拡大防止を心掛けながら、近隣の大学の方とも連携し地域の方とともに現地での世界遺産学習を計画的に行っている。児童は、その発達段階に応じて校区の素晴らしさに気付き、誇りをもつことができている。その中で、地域の方の郷土を愛する気持ちが、確実に次世代に受け継がれている。今後も、継続していきたいと考える。

〔近隣の教育・文化施設〕　東大寺・興福寺・春日大社などの世界遺産が身近にある。都市近くで原生の世界を残す珍しい春日原生林や、ホタルが生息する自然豊かな能登川も校区内にある。

◇和歌山県白浜町立安居《あご》小学校

①赤井祥子　②四（特一）　③一五　④和歌山県西牟婁郡白浜町安居六二六　⑤〇七三九（五三）〇〇五一　⑥JR紀勢本線　紀伊日置駅よりタクシーで一三分　⑦HP有・㊒無

ふるさとの未来を担う気概をもった児童生徒の育成
――「日置川ミライ学」の推進を通して――

本校は児童十五人の極小規模校で、同じ校舎内に中学校が同居する特別な学校である。そのため、学校行事を共にすることが多く、小中全教職員が、学校教育目標「ふるさとを愛し、心豊かでたくましく、未来を切り拓く児童生徒の育成」を目指し一致団結して取組を進めている。特徴的な取組として挙げられるのが「日置川ミライ学」という名のふるさと学習である。二〇一九年四月に校長が小中兼務になったのを機に、これまで別々に行っていたふるさと学習の呼び名を統一し、九年間を見通した付けたい力の育成とカリキュラム開発に取り組んできた。意図的・継続的な日置川の『ひと・もの・こと』との関わりが着実に子どもたちの郷土愛を育んでいる。

〔近隣の教育・文化施設〕　安居の渡しで渡る熊野古道「仏坂」や県の文化財に指定された「安居の暗渠《あんきょ》」、民泊を利用した教育旅行や体験型観光を推進する「南紀州交流公社」が近くにある。

◇岡山県真庭市立月田《つきだ》小学校

①中井良徳　②六　③四四　④岡山県真庭市月田五六四二　⑤〇八六七（四四）二四〇九　⑥ＪＲ姫新線月田駅より徒歩二〇分
⑦ＨＰ㊒・無

学校と地域が連携・協働した「郷育」の推進
――学校運営協議会発足に向けて――

本校にはＰＴＡ組織はなく、昭和二年設立の月田奨学会がその任にあたっている。会員は小学校区住民で、九十有余年にわたって継承されている地域の思いが小学校を力強く支援している。小学校長が月田公民館長を兼務しており、学社連携・協働がしやすい環境が整っている。

「郷育」とは市のキャリア教育の方針だが、本校では「月田コミュニティ」「月田シニアクラブ」「月田婦人会」などが体験活動に積極的に関わっている。地域を知ることが地域社会を支える人材育成の第一歩、人こそが持続可能なリソースでなくてはならないとの思いで、令和五年度の学校運営協議会発足に向けて、現在体制の整備を進めている。

〈近隣の教育・文化施設〉　月田地区には、戦時中に学童疎開を受け入れた古い町並みや往時を偲ぶ林業関係の企業が多く残る。隣接の勝山地区にはのれんの町並みや名瀑神庭《かんば》の滝がある。

◇宮崎県五ヶ瀬町立鞍岡《くらおか》小学校

①脇山辰己　②五（特一）　③三七　④宮崎県五ヶ瀬町大字鞍岡一六九六　⑤〇九八二（八三）二〇二四　⑥五ヶ瀬町営バス折立バス停下車徒歩五分　⑦ＨＰ㊒・無

地域に貢献するへき地校における学校経営
――地域とつなぐ「鞍小鼓笛隊」の取組を通して――

五ヶ瀬町では、五ヶ瀬教育ＧＶ（グランドビジョン）の下、町全体でＧ授業（町内合同学習）や異校種間の連携、コミュニティスクール等に積極的に取り組んでいる。その中で本校には四十年以上の歴史のある「鞍小鼓笛隊（全児童参加）」がある。祖父母の代から受け継がれ、様々な行事等での披露するだけでなく、地域のお祭りや文化祭等でも披露している。練習はモジュールの時間等に行っているが、児童は「鞍小鼓笛隊」を誇りに思っており、伝統を受け継ぎ、演奏する児童の姿は人々に感動を与え、地域と学校をつなぐ重要な橋渡しの役目を果たしている。また、鼓笛の取組を通して、支え合う心やふるさとを愛する心等を育むよい機会にもなっている。

〈近隣の教育・文化施設〉　学校近くの祇園山は「九州島発祥の地」と言われ、北には阿蘇山、東には天孫降臨の地「高千穂町」、南には、九州随一の「五ヶ瀬ハイランドスキー場」がある。

◇宮崎県串間市立大平《おおひら》小学校

①木場麻利子　②二　③四　④宮崎県串間市大字大平一八八一　⑤〇九八七（七四）一二一九　⑥JR日向大束駅より乗用車で一〇分　⑦HP有・無

ふるさとを愛し誇りに思う児童の育成
――地域に学び自らつながる取組を通して――

本校は、創立百四十九年を迎える伝統校であり、「自ら考え行動し、心豊かでたくましい児童の育成」という学校の教育目標の下、学校・保護者・地域が一体となった学校づくりを進めている。

ふるさとを愛し貢献できる人材を育成するために、横断的・総合的、探究的な学習を通して、系統的に地域の「ひと・もの・こと」へ自らつながり、主体的に関わる力を身に付けることができるよう学びの質の向上を目指している。その一つ、大平地区の伝統芸能の継承活動に地域の方や保護者とともに取り組んでいる。地域に関わり、次の世代へつなげていく取組を通して、地域への誇りをもたせるとともに自己有用感の醸成を目指している。

〈近隣の教育・文化施設〉　本市は宮崎県南部に位置する。最南端の都井岬は、全景に日向灘が広がり、国の天然記念物に指定されている百頭を超える野生の馬が生息している。

◇宮城県柴田郡大河原町立大河原《おおがわら》小学校

①岩間達雄　②二七（特四）　③七八四　④宮城県柴田郡大河原町字町一〇〇　⑤〇二二四（五二）三四〇一　⑥JR東北本線大河原駅より徒歩一〇分　⑦HP有・無

子どもが毎日楽しく登校する学校づくりを目指して
――不登校対策と授業づくりの工夫を通して――

本校は、令和三年度から県の「不登校児童生徒学び支援教室事業」を受け、不登校の状態から学校復帰を希望する児童や教室で過ごすことに困難を抱える児童の居場所を校内につくり、学習指導と自立支援を行っている。担当教員一名と支援員一名を常時教室に配置して支援を行い、学校、教室の復帰を目指している。

また、令和二年度から、県の「学力向上研究指定校事業」の三年間の指定を受けている。学力の二極化の課題を重く受けとめ、特に学力の低い児童が意欲的に学びに向かう授業を求め、「対話的な活動」を通して研究を推進している。明日も楽しく登校する児童の姿を目指し、魅力ある授業づくりと不登校児童への支援の両輪で取り組んでいく。

〈近隣の教育・文化施設〉　大河原町は、菓匠三全、アイリスオーヤマの会社が立ち上がった町である。世界を目指している二つの企業は、これからの時代を担う子どもたちに夢を与えている。

◇静岡県富士市立田子浦《たごうら》小学校

①三村隆政　②二二（特二）　③六〇八　④静岡県富士市中丸九八　⑤〇五四五（六一）〇三二七　⑥東海道新幹線新富士駅より徒歩二〇分、又はタクシーで五分　⑦HP㊒・無

魅力あるよりよい学校づくりを目指して
――子どもの健全育成にとって大切なものとは――

本校は明治十一年に開校された歴史と伝統をもつ学校であり、玄関前には樹齢三百五十年を超える「大蘇鉄」が子どもたちを見守っている。令和三年度から「魅力ある学校づくり調査研究事業」の指定を受け、「チーム田子浦小」として組織的に取り組んでいる。

「魅力あるよりよい学校づくり＝不登校が生じない学校づくり」という考えのもとに、「心の居場所づくり」と「絆づくり」を中心に、集団づくりや授業づくりを進めている。教職員は、子どもが安心でき、自己存在感や充実感を感じられる場を提供し、子どもは、主体的に取り組む活動を通し、「絆」を感じ取り紡いでいくことで、自ら問題を回避・解決できる力が身に付くことを期待している。

〈近隣の教育・文化施設〉　「ふじのくに田子の浦みなと公園」には、田子の浦と富士山を詠んだ奈良時代の歌人、山部赤人の万葉歌碑があり、そびえ立つ雄大な富士山を望むことができる。

◇北海道厚沢部町立厚沢部《あっさぶ》小学校

①松村浩良　②九（特三）　③一〇九　④北海道檜山郡厚沢部町新町一〇四　⑤〇一三九（六四）三〇四二　⑥新函館北斗駅よりバス五四分、徒歩五分　⑦HP㊒・無

確かな学力を身に付けた未来の創り手の育成
――自信・やる気・笑顔あふれる授業を目指して――

本校は、明治十五年に開校し、教育目標を「よく考える子ども」「思いやりのある子ども」「がんばりぬく子ども」「じょうぶな子ども」とし、「学校力向上に関する総合実践事業」「プログラミング教育事業」「働き方改革推進事業」の指定を受けている。特に、学校力向上に関する総合実践事業では、「指導力を高めるため学び続けている教職員」等をミッションに、学力向上に取り組んでいる。

また、令和二年度から本町で行っている小中一貫教育の推進では、「スタンダード五」「九年間を通じた教育課程の編成」「高学年による中学校登校」「児童会と生徒会の交流活動」等の取組を推進し、一貫した指導方法、中一ギャップの解消に努めている。

〈近隣の教育・文化施設〉　厚沢部町はメークイン発祥の地であり、大正十四年に試作されて以来、栽培指導者の全力を注ぐ改良増殖と厳格な肥培管理によって、今日の銘柄が確立された。

◇高知県香美市立山田《やまだ》小学校

①植村昌史　②二二（特五）　③四五六　④高知県香美市土佐山田町西本町二―四―五　⑤〇八八七（五三）三一八五　⑥JR土佐山田駅から徒歩三分　⑦HP㊒・無

協働的に課題解決に向かう児童の育成
――対話的に学び合い考えを深める授業づくり――

令和二年度から高知県教育委員会指定の「言語能力・情報活用能力育成プラン」及び「令和三年度メンター制を活用した人材育成実践研究事業」を受け、言語能力及び情報活用能力を育成する探究的な授業づくりの実践を積み重ねるとともに、メンターチームを組織し若年教員の資質・能力の向上の研究を続けている。

また、教科担任制の実施等に伴い異学年教員による「教科チーム会」を組織し、実践的な授業研究も進めており、より組織的で協働的な校内研究及び授業改善を推進している。

〈近隣の教育・文化施設〉　市内には保・幼・小・中・高・特・大の教育機関があり、「探究あふれる学園都市」として「探究的な学びの連続性」を柱に未来を拓く人づくりを推進している。

◇福岡県北九州市立大里《だいり》柳《やなぎ》小学校

①吉田一憲　②二〇（特二）　③五七一　④福岡県北九州市門司区不老町二―一―一　⑤〇九三（三八一）四七三一　⑥JR門司駅より徒歩一五分、又はタクシーで五分　⑦HP㊒・無

思いやりの心をもち主体的に学び続ける児童の育成
――柳小マイOJTとICTの活用を通して――

本校は、明治六年に開校し、創立百四十八年を迎える。令和元年度より、高学年を中心に「専科指導及び一部教科担任制」を導入し、確かな学力の定着及び中一ギャップの解消に取り組んできた。また、令和二年度には「職員間で主体的に授業づくりを学び合う『柳小マイOJT』の構築」を図ってきた。専科指導及び一部教科担任制システムをシェアし、最大限に生かすことで、学年・年次の枠を超えた教材研究、児童理解ができ、同僚性の質の向上及び業務改善に繋げることができている。

また、今年度は、「タブレットをはじめとしたICT機器の活用」を授業づくりの柱としOJTチームで研究することにより、児童の更なる資質能力の向上に努めていく。

〈近隣の教育・文化施設〉　門司区には、一九三四年から始まった、日本三大みなと祭りのひとつである「門司みなと祭」がある。門司港地区・大里地区をメイン会場として開催している。

◇宮崎県宮崎市立加納《かのう》小学校

①宇田津浩一　②三二（特五）　③八九七　④宮崎県宮崎市清武町加納甲一〇一〇　⑤〇九八五（八五）三一〇〇　⑥JR日豊線加納駅より徒歩三〇分、又はタクシーで一〇分　⑦HP㊒・無

児童が主体的に学習に取り組む学習指導と環境整備
――学年協働推進とユニバーサルデザインの活用――

本校では組織的研究を推し進める上で重要なユニットとなる、学年としてのまとまりを活性化させる学年協働体制の強化に取り組んでいる。学年協働の考えをベースに据えながら、学習指導部や生活指導部といった各分掌部との連携も図っていくことで、児童の実態をより正確に把握でき、より焦点化した取組の検討や到達目標を設定することにもつながっている。

合わせて、児童個々の特性を大切にしながら、全ての児童に優しい学習環境や学習指導法の実践的研究にも力を入れている。いわゆるユニバーサルデザインの考えに立脚する研究実践であり、児童の実態に寄り添った実践を推し進めることで、一人一人が学ぶ喜びを感じられるよう努めている。

〈近隣の教育・文化施設〉　幕末の儒学者で、明治の世に数多くの傑出した人物を送り出した安井息軒の生誕地である。近くには国の指定文化財である安井息軒旧宅や安井息軒記念館がある。

◇秋田県能代市立二ツ井《ふたつい》小学校

①安部芳華　②一〇（特二）　③二一一　④秋田県能代市二ツ井町字上台二五―一　⑤〇一八五（七三）二三四一　⑥JR奥羽線二ツ井駅より徒歩二〇分、又はタクシーで五分　⑦HP㊒・無

ふるさとに学び、ふるさとに元気を発信する学校
――小中連携地域創生プロジェクト――

今年度は、高学年と中学生が連携して「地域創生プロジェクト」に取り組んだ。これは、中学校の生徒会長を社長、小学校の児童会代表を副社長とする「きみまちカンパニー」という会社を設立。地元スーパーとコラボした弁当を開発・販売の「いとく事業部」、地元道の駅ふたついと連携し、お土産を開発・販売する「道の駅事業部」、商店街と連携し、オリジナル商品やイベントを企画する「企画開発部」、地元の魅力や情報を発信する「観光事業部」、高齢化社会の環境改善を考える「福祉事業部」、地元の農家や特産品を応援する「農業事業部」の六部門に分かれて活動した。活動の成果を商店街との共催イベントで披露し、賑わいをもたらした。

〈近隣の教育・文化施設〉　周りを豊かな自然に囲まれ、地区の北端は世界遺産白神山地に接している。風光明媚な県立自然公園きみまち阪があり、その由来となった明治天皇縁の碑文がある。

◇富山県砺波市立砺波南部《となみなんぶ》小学校

①小西弘一　②九（特二）　③二一一　④富山県砺波市鹿島一六一　⑤〇七六三（三三）一三七三　⑥ＪＲ城端線東野尻駅より徒歩一〇分　⑦ＨＰ㊒・無

ふるさとを大切に思う児童の育成
――地域と連携した「ふるさと学習」を通して――

本校は散居村集落に位置し、農業が盛んな地域にある。学校教育に対して協力的な土地柄であり、長年にわたって地域の方から学ぶふるさと学習を推進している。五年生「チャレンジ、米作り」では、地域の方と一緒に昔ながらの田植えや稲刈り、脱穀、ねかべっついでの炊飯を行っている。四年生では、公民館が中心になって企画する用水見学等に参加している。地域の方々との関わりを通してふるさとの歴史や文化、よさを学ぶとともに、ふるさとを誇りに思い、貢献しようとする心も一緒に受け継いでいる。

今後は、子どもたちによる地域への発信をさらに工夫し、地域に貢献する喜びを体験させることで、ふるさとを大切に思う心を一層育んでいきたい。

〔近隣の教育・文化施設〕　砺波市は、散居村やチューリップで知られており、校区にはチューリップの品種開発等に取り組む富山県農林水産総合技術センター　園芸研究所がある。

◇兵庫県神河町立神崎《かんざき》小学校

①大塚高誉　②一六（特五）　③二七二　④兵庫県神崎郡神河町粟賀町六一一　⑤〇七九〇（三二）〇〇二五　⑥ＪＲ播但線寺前駅よりバス八分徒歩五分、又は寺前駅よりタクシー一〇分　⑦ＨＰ㊒・無

滑かな学校統合を目指した学校間交流
――保護者・地域と共に子どもたちの未来づくり――

令和二年四月、神崎小学校は越知谷小学校の子どもたちを迎え入れた。全校児童三百人の学校と全校児童十三人の学校の統合である。統合決定から一年間の準備期間に、これまで以上に二校間の交流を活発にし、統合への不安を抱く子どもたちや保護者たちの前向きな意識を生み出し、地域の理解を得るための実践に取り組んだ。二校間の一日交流、教育課程の擦り合わせ、両校教師による交換授業、ＰＴＡへの働き掛けなどさまざまな取組の中で、互いの子どもたちが対等の立場で、郷土愛への意識が芽生えてきた。

統合から一年が経ち、越知谷小の子どもたちは、越知谷を愛しながらも神崎小の児童となり、統合してよかったという気持ちになっている。

〔近隣の教育・文化施設〕　神河町は、少子高齢化が進む町であるが、ゆずや自然薯といった特産物を商品化し、銀の馬車道、ヨーデルの森やスキー場を開設し、観光に力を入れている。

◇富山県富山市立山田《やまだ》小学校

①西村勇嗣　②五　③五五　④富山県富山市山田北山四一　⑤〇七六（四五七）二二五四　⑥JR八尾駅よりコミュニティーバス二〇分　⑦HP㊒・無

義務教育九年間で児童生徒を育てる小中連携教育
——小中併設校の利点を生かした学校教育の取組——

本校は、山田中学校（生徒数三十四名）ともに、地域の大きな支援を受け、様々な連携教育・活動に取り組んできた。平成十八年十二月に、現在の小・中学校一体型校舎が完成して以降、「山田小・中学校連携教育推進委員会」を設置し、学校行事をはじめ、日常の教育活動の中で、発展的に小・中学校の連携を推進してきている。

令和三年度は、富山市の小中連携を中心とした学力向上推進事業の指定を受けて、小・中学校共通の研修主題「知識・技能を生かして、主体的に学び合う子供の育成」を設定して共同研究を行った。

小中教員で乗り入れ授業や合同研修会等を行い、九年間の子どもの育ちを見守りながら、学力向上や効果的な連携に努めている。

〈近隣の教育・文化施設〉　校区内には牛岳温泉スキー場や温泉施設がある。また、隣接する八尾地区は「越中おわら風の盆祭り」で多くの観光客を集めている。

◇滋賀県野洲市立祇王《ぎおう》小学校

①山本宗司　②二四（特六）　③五〇四　④滋賀県野洲市上屋一一六九　⑤〇七七（五八七）〇一二九　⑥JR西日本琵琶湖線野洲駅より徒歩三五分、又は野洲駅よりタクシー七分　⑦HP㊒・無

伝え合う姿を軸にした円滑な幼小接続の在り方
——主体的に取り組める教育課程の編成——

スタートカリキュラムの実施と改善を行いながら、幼稚園から小学校六年生までの伝え合う力を発揮する方法を工夫（相手意識・表現方法の種類を提示）して進めることで伝え合う力を軸にした幼稚園から小学校六年生までの円滑な幼小接続につなげる。

授業公開や公開保育、合同研修等による幼小接続の理解を深める。幼稚園から小学校六年生までの目指す「伝え合う児童の姿」を設定し、単元計画を立てて学習を進める。「課題の設定→情報法の収集→整理・分析→まとめ・表現」の学習活動となる単元を考え、学習の目当てに正対した振り返りの時間を確保し、「できた」「わかった」という実感や新しい課題発見及び次の学習への意欲付けとする。

〈近隣の教育・文化施設〉　野洲市は、日本一大きな銅鐸や俵藤太《たわらのとうた》の大ムカデ退治で知られる近江富士（三上山）があり、校区には国史跡指定を受けた徳川将軍の永原御殿跡が残っている。

◇京都府京都市立下京《しもぎょう》雅《みやび》小学校

①神内貴司　②一四（特二）　③三四三　④京都府京都市下京区醒ケ井通松原下る篠屋町五九　⑤〇七五（三五三）〇〇〇八　⑥JR京都駅より徒歩二〇分、又はタクシーで一〇分　⑦HP㊒・無

『心が動く』教育の創造
――幼小接続のもたらす教育効果――

本校は同敷地内に京都市立幼稚園がある。その環境を最大限に生かし、小学校と幼稚園の教職員が合同の研究組織をつくって取組を進めている。互恵性を大切に、お互いの教育を見て知って、つなぐことで、それぞれの教育の改革を図っている。

『心が動く』という言葉は、このような環境の中で生まれてきた。幼小九年間を見通し、主体的・対話的で深い学びを大切にしながら、九年間で育てたい資質・能力を育んでいきたいと考える。

子どもたち自身の内面的な感情から湧き出る「やってみたい」「どうしてだろう」などという気持ちが深まっていくような環境や授業をつくることで、子どもたちが夢中になって、熱中して学び合う姿を目指している。

〔近隣の教育・文化施設〕　京都市下京区の中心部に位置し、近隣には、日本三大祭りの一つ、祇園祭の山鉾《やまぼこ》が立ち並ぶ。

◇島根県隠岐郡隠岐の島町立五箇《ごか》小学校

①吉田貴弘　②八（特二）　③八三　④島根県隠岐郡隠岐の島町郡六七　⑤〇八五一二（五）二〇〇二　⑥隠岐汽船西郷港より車二五分　⑦HP㊒・無

関わり合いの中でのコミュニケーション能力の育成
――幼小連携・接続を通したつながりの中で――

本校は、ごか保育園とともに、令和二年度に島根県から幼小連携・接続についての研究指定を受け、研究の重点を「コミュニケーション能力の育成」として、実践的な接続カリキュラムの作成や交流活動の充実を中心に研究を進めている。

接続カリキュラムついては、保育園と小学校の共通理解を図り、実践して修正していくことを大切にしている。交流活動は、保育園と小学校のねらいを共有することに重点を置いている。何より大切にしていることは、子どもを中心において、大人同士がつながり、信頼関係を築くことである。このことが、子どものコミュニケーション能力の育成にもつながっていくと考えている。

〔近隣の教育・文化施設〕　西郷港には、隠岐ユネスコ世界ジオパーク中核・拠点施設があり、隠岐諸島の成り立ちと、その大地の上で育まれた生物や歴史文化とのつながりを展示している。

◇沖縄県宮古島市立鏡原《かがみはら》小学校

①花城　修　②一三（特三）　③二四五　④沖縄県宮古島市平良字下里三一〇七―二　⑤〇九八〇（七二）三一四六　⑥宮古空港より徒歩一五分、又はタクシーで五分　⑦ＨＰ㊒・無

九年間を見通した資質・能力の育成
――思いや考えを状況に応じて表現できる子――

本校は、令和二年度沖縄県教育委員会の教育研究指定校となり、隣接する鏡原中学校と協同し、小・中九年間の系統性を踏まえた教育課程研究に取り組んだ。

本校の課題解決に迫るために、付けたい力として「自分の思いや考えを状況に応じて表現できる力」を掲げ、発達段階に応じた目指す子ども像を設定した。研究内容は、「小中授業研究会」「生徒指導」「特別支援教育」「合同学校行事」「ＰＴＡ活動」等を柱に、小中九年間の学びをつなげている。

今年度も継続して、効果的な小中接続の在り方についての研究に取り組んだ。

〈近隣の教育・文化施設〉　宮古島市では、国際的規模の全日本トライアスロン宮古島大会が開催されている。学校近くに宮古島市スポーツ観光交流拠点施設（ＪＴＡドーム宮古島）がある。

◇北海道厚真町立厚真中央《あつまちゅうおう》小学校

①河毛幸至　②一〇（特四）　③一四〇　④北海道勇払郡厚真町新町九二―一　⑤〇一四五（二七）二四三二　⑥厚真バス　停留所より徒歩五分　⑦ＨＰ㊒・無

厚真の未来を語れる子の育成を目指すふるさと教育
――「つなぐ力」「拓く力」の育成に向けて――

本校は、明治三十年開校、教育目標を「強く　正しく明るく」とし、ふるさと厚真に根ざした学校づくりを進めている。平成三十一年度から本町で行っている小中一貫教育は、英語教育とふるさと教育を柱に、指導過程の一貫性を重視した「厚真スタイル」の授業や、体験的な学習、探究的な学習、教科横断的な学習を実施している。九年間の連続性と系統性を重視した「ふるさと教育全体計画」を作成して、目指す十五歳の姿に迫るとともに、小学校一年生から行っている英語教育の取組を基盤に、厚真の未来、そして自分の将来を力強く語り、あらゆる困難を乗り越え、たくましく未来を生きる子どもたちの育成を目指している。

〈近隣の教育・文化施設〉　厚真町は、名産ハスカップの作付面積日本一を誇る。田園が広がるこの地域からは、縄文時代の貝塚や土器、アイヌ文化の品物が多数発掘されている。

◇北海道名寄市立風連《ふうれん》中央《ちゅうおう》小学校

①石坂　剛　②九（特三）　③一一六　④北海道名寄市風連町西町二〇一番地　⑤〇一六五五（三）二〇三一　⑥ＪＲ宗谷本線風連駅より徒歩一〇分　⑦ＨＰ㊒・無

子どもの健やかな成長を育む小中一貫教育の推進
――地域の児童生徒を共同歩調で育てる取組――

名寄市風連地区は、小学校と中学校が一校ずつという環境で、令和二年度より本格的な小中一貫教育の取組をスタートさせている。主な取組としては次の通りとなる。①「学校教育目標」「めざす子ども像」の共有化。②学校評価項目を同じ内容にし、同じ視点で学校改善を行う。③「小中一貫教育推進会議」を年に数回開き、全職員が小グループ（生徒指導の充実、道徳教育の推進等）に分かれ、共同歩調で取組を行う。④「いじめ防止基本方針」を共有し、児童生徒の指導に当たる。

以上のような取組を進める中で、九年間で地域の子どもを育てていく体制をつくっている。今後は、教育課程を改善する中で児童・生徒へより特色ある学びを提供していく。

〈近隣の教育・文化施設〉　名寄市は名寄盆地に位置し、夏冬の寒暖の差が大きく、積雪も多い。雪質日本一を誇るピヤシリスキー場、カーリング施設があり、学習活動に活用している。

◇栃木県下野市立国分寺《こくぶんじ》小学校

①髙橋修一　②二四（特五）　③六六一　④栃木県下野市小金井四―二―三　⑤〇二八五（四四）〇〇〇四　⑥ＪＲ宇都宮線小金井駅より徒歩一〇分、又はタクシーで五分　⑦ＨＰ㊒・無

学び合い、主体的に人や社会に関わる子どもの育成
――小中一貫教育を通して――

本校は、創立百四十七年の歴史のある学校である。隣接する国分寺中学校との小中一貫教育を推進している。

国分寺中学校が、「学校と地域の連携も出る事業実践校」に指定され、「地域とともにある学校づくり」の実践を、小学校と連携して行った。具体的には、①中学生による小学校での読み聞かせ（地域の読み聞かせボランティアが中学生に指導）②国分寺跡周辺の雑木林清掃（小学生が落ち葉集め、中学生と地域のボランティアが清掃）③小中学生の作品交流（小、中学校、公民館で回覧）を行った。これらの事業を継続して行い、小中学生の交流や、地域との交流を図りながら、国分寺中学校区で目指す子ども像の実現に努めている。

〈近隣の教育・文化施設〉　学区内には、国分寺跡・国分尼寺跡や小金井一里塚などの史跡や、下野市立しもつけ風土記の丘資料館、栃木県埋蔵文化財センターなどの文化施設がある。

◇千葉県市原市立加茂《かも》小学校（加茂学園）

①積田剛幸　②六　③九七　④千葉県市原市平野一二三　⑤〇四三六（九六）〇〇四二　⑥小湊鐵道里見駅より徒歩五分　⑦ＨＰ㊒・無

確かな学力とたくましく生きる力の育成を目指して
――外国語活動を取り入れた小中一貫教育の推進――

本校は千葉県のほぼ中央部に位置し、県内二番目の小中一貫校として開校十年目を迎える。小学一年生から外国語活動を展開、常駐するＡＬＴと英語担当、学級担任による授業を行っている。ＳＤＧｓ「誰一人取り残さない」社会の実現を目指し、「関わり」や「つながり」を尊重できる個人を育むこと、他者や社会を自然環境との関係性を意識したコミュニケーションを図る資質・能力を身に付けさせるために、ＩＣＴを活用した授業展開や海外との交流活動を実施している。九年間を見通した教育課程による小中教員の乗り入れ授業、異学年の交流、全校で行う学校行事など、多くの場面で小中一貫校としての関わりを大切にし自信ややる気につなげている。

〈近隣の教育・文化施設〉　学区には、地磁気逆転地層「チバニアン」ＧＳＳＰや、高滝湖畔には、アートを媒体とした地域づくりの中心的な施設として市原湖畔美術館がある。

◇千葉県千葉市立幸町《さいわいちょう》第三《だいさん》小学校

①仲村純子　②二〇（特二）　③五二八　④千葉県千葉市美浜区幸町一―一〇―一　⑤〇四三（二四一）七八〇七　⑥ＪＲ京葉線千葉みなと駅下車徒歩一〇分　⑦ＨＰ㊒・無

確かな学力と豊かな人間性を育む小中一貫教育
――九年間を見通した計画的・継続的な教育活動――

本校と幸町第二中学校では、平成二十一年に小中連携の研究指定校を受けて以来、義務教育九年間の一貫した教育目標を設定・共有し、教科などのカリキュラムや連続性のある学習指導、生活指導を学校や地域の実態に合わせて展開するための研究を継続している。

平成三十年度に小中一貫教育の研究発表、令和元年度から小中一貫教育モデル校、令和三年度から小中一貫教育校として九年間を見通した教育活動の工夫を行い、小中合同教科部会による義務教育九年間のカリキュラム作りに取り組む。授業参観ウィーク、合同研修会、教科部会ごとの授業研究、教科ごとの交流活動の検討、職員交流等幅広い活動を通してカリキュラムを検討している。

〈近隣の教育・文化施設〉　最寄り駅の千葉みなとから徒歩十五分ほどの距離に、千葉ポートタワー・ポートパークがある。ポートタワー展望室からは、千葉市内や東京湾の風景を一望できる。

◇長野県小県郡長和町立長門《ながと》小学校

①宮島哲也　②九（特三）　③一七〇　④長野県小県郡長和町長久保四一〇　⑤〇二六八（六八）二〇〇四　⑥JR大屋駅よりバス約一時間　⑦HP㊒・無

これからの社会を担う人材育成を見据えた学校経営
――地域とともに歩みながら小中連携と一貫教育――

学校統合、少子高齢化により依田窪南部地域の三小学校と一中学校で連携を図りながら、小中一貫を意識する必要が出てきた。そこで四校の校長会が、小中一貫教育に向け「交流と調和」「ふるさと学習」「伝統文化継承」の三つの柱を考え、依田窪南部地域の未来を地域住民や行政とともに考え、古き伝統を継承しつつも、より魅力のある町をつくるにはどうしたらよいかを考え行動できる児童生徒の育成を目指し取り組んでいる。九年間を見通したカリキュラム編成を行い、足並みをそろえ中学に橋渡しができるように行っている。これからは、三校交流のためにより一層ICT機器の活用も積極的に取り組む必要がある。

〔近隣の教育・文化施設〕　信州のほぼ中央に位置する長和町は、美ヶ原高原をはじめとする雄大な自然に囲まれている。古くは黒耀石の産地として栄え、日本遺産にも認定されている。

◇滋賀県彦根市立鳥居本《とりいもと》小学校

①矢田充宏　②七（特一）　③九五　④滋賀県彦根市鳥居本町一五五〇―一　⑤〇七四九（二二）二二一四　⑥近江鉄道鳥居本駅より徒歩五分　⑦HP㊒・無

九年間を見通した確かな学力と社会性の育成
――主体的・対話的で深い学びの創造――

本校は、創立百三十五年を数える伝統校であり、現在は、隣接する鳥居本中学校とともに、広く市内から入学生を受け入れる併設型（校舎分離型）の小中一貫校「鳥居本学園」となって、七年目を迎えている。

学園では、九年間の学びを系統立てた学園独自の教育カリキュラム「鳥居本学園教育ビジョン」に基づき、「小・中教員の乗り入れ授業による専門性の高い教育」「小規模校ならではの少人数の強みを生かした教育」「鳥居本の豊かな自然・人・ものを生かした教育」「ICTを活用した先進的な教育」などを柱として、「小学校六年生の中学校校舎での学習（週三日・午前中）」や「小中合同の学園体育大会」「学園研究会」などの取組を進めている。

〔近隣の教育・文化施設〕　中山道の六十三番目の鳥居本宿には、重要文化財である有川家住宅を始めとする古い町並みが残っている。石田三成の居城であった佐和山城跡や国宝彦根城も近い。

◇大阪府交野《かたの》市立交野《かたの》みらい学園　交野《かたの》みらい小学校

①徳永　裕　②三四（特一一）　③七〇〇　④大阪府交野市郡津一―四三―一　⑤〇七二（八九二）五〇二一　⑥JR河内磐船駅より徒歩二〇分、京阪交野市駅より徒歩一〇分　⑦HP㊒・無

小中一貫教育の取組
――施設一体型小中一貫校の開校に向けて――

本校がある交野市立第一中学校区（第一中学校、交野小学校、長宝寺小学校）の三校は、施設一体型小中一貫校の令和七年度四月開校を目指して協働している。市の小中一貫教育モデル校区の指定を受け、校務分掌部会と教科部会を設定し、三校の教職員が月に一度集まって統合に向けた協議を進めている。

今年度は令和四年度当初の小学校統合に向け、学校教育目標や学校経営方針を統一したり、合同で学年会をしたりと、特に小学校同士の連携を密にした。また、開校準備委員会やコミュニティ・スクール準備委員会等、地域やPTA、市教育委員会とも密に連携した。児童・生徒が未来に希望をもち、安心・安全に通える学校を目指している。

〈近隣の教育・文化施設〉　交野市は、府北東部に位置し、東側と南側が山に囲まれる地形となっており、中央部を天野川が流れている。七夕伝説が伝わり、星のまちとして知られている。

◇山口県山陽小野田市立埴生《はぶ》小中一貫校

①東原秀一　②一〇（特三）　③一五九　④山口県山陽小野田市埴生二八〇　⑤〇八三六（七六）〇〇一四　⑥JR山陽本線埴生駅より徒歩一〇分、又はタクシー三分　⑦HP㊒・無

小中合同研修の効果的な在り方
――九年間の系統的な指導と四つの力の育成――

学校教育目標である「明るい未来を創る子どもたち」を育成するために、必要な資質・能力として「関わる力」、「考え・追究する力」、「伝える力」、「見通す力」の四つを設定し、小中合同研修による授業改善や、学校・地域連携カリキュラムの策定を通した地域連携教育に取り組んでいる。

小中相互乗り入れ授業に加えて、小中合同の研修体制を組織し、相互の授業を研究しあうことで、小中それぞれの授業の良さや違いを学びあい、授業力を向上させている。

特徴的な地域連携教育としては、ハーブねっと農園におけるもち米の栽培、加工、販売までの六次産業を体験することで、小一～中三まで全員にキャリア教育を行っている。

〈近隣の教育・文化施設〉　学校近くの山陽オートレース場は、パラサイクリング日本代表チームの合宿地であり、児童とも交流を行っている。

◇大分県宇佐市立安心院《あじむ》小学校

①小屋瀬八重子　②八（特二）　③九四　④大分県宇佐市安心院町木裳一一五一一　⑤〇九七八（四四）〇〇二五　⑥ＪＲ日豊本線柳ヶ浦駅よりタクシー三〇分　⑦ＨＰ㊒・無

新教科「地球未来科」の充実
――主体的な学びの姿の育成――

「異年齢・異学年集団での協働的な学習活動」と「教科横断型探究活動」を核とした「地球未来科」の充実で、地球未来科で身に付けた力を自ら生かそうとする『主体的な学びの姿』を育成する。

「Ｄｅｅｐ　Ｌｅａｒｎｉｎｇ」（高校生による小学生への出前授業（ＳＴ活動））「Ｐｒｏａｃｔｉｖｅ　Ｌｅａｒｎｉｎｇ」（中学生がファシリテーターとなって小学生へ行うワークショップ（ＭＬ活動））「Ｉｎｔｅｒａｃｔｉｖｅ　Ｌｅａｒｎｉｎｇ」（小中高の児童生徒と地域住民による「教育フォーラム」）の三つのプログラムを設定し、児童生徒の「主体的な学びの姿」の育成を目的としたカリキュラムマネジメントの構築や評価方法を研究する。

〈近隣の教育・文化施設〉　宇佐市は、周防灘に面し宇佐平野と安心院・院内の山間地から成り、世界農業遺産に登録されている。大分県立歴史博物館、八幡宮の総本山宇佐神宮がある。

◇岐阜県養老町立広幡《ひろはた》小学校

①竹中　学　②六　③八三　④岐阜県養老郡養老町口ヶ島一九六一二　⑤〇五八四（三二）一六二〇　⑥養老鉄道美濃高田駅より徒歩三〇分、又はタクシーで六分　⑦ＨＰ㊒・無

地域との円滑なつながりによる教育活動の推進
――「広幡はひとつ」を地域と学校で――

平成二十六年度秋にコミュニティ・スクールをスタートさせた。

コロナ禍の中、以前のように人の行き来ができなくなってきている中でも、「広幡はひとつ」の合い言葉で地域住民が一致団結してことに当たる強みがある。学校教育においても、地域の安全協会、農協、区長、自治町民会議の役員らが積極的に関わっていただける。従来はサポーター総会を実施していたが、今はコロナ対応として管理職や行事担当者等がその都度連絡を取る体制にしている。

校内、地域との連携を重視した学習や行事を創造し、小さなコミュニティではあるが、取り回しのよさを活かし、ふるさとの財を実感し、地域の人々の温かさを感じられるふるさと教育を推進している。

〈近隣の教育・文化施設〉　養老町は、濃尾平野の西端に位置し、養老山脈をのぞむ。町名にもつながる養老の滝伝説がある。「人があつまり　楽しく生きがいのあるまち」がスローガンである。

◇三重県松阪市立港《みなと》小学校

①松本　篤　②一三（特二）　③二五七　④三重県松阪市荒木町一一六　⑤〇五九八（五一）二二五六　⑥ＪＲ・近鉄・バス　松阪駅より二ｋｍ　徒歩約三〇分　⑦ＨＰ㊒・無

なかまとともに伝え合い高めあう授業
――言葉にこだわって読み考えを表現する子――

本校は、同じ敷地内の併設幼稚園との日常的な交流と算数科での習熟度別少人数授業を推進するとともに、学校運営協議会を設置した学校として、地域とともにある学校づくりと学校・園を核とした地域づくりを進めている。

学校運営と地域学校協働活動を一体的に進め、地域住民、幼小ＰＴＡ、地域企業等の関係者で子ども像やビジョンを共有し幅広い人々の参画を得て、教科指導や体験活動等の充実を図っている。

これらの取組により子どもには教科横断的に、学校・園だけでは得られない様々な人々の知識・経験に裏打ちされた人間力や生きる力を育成するとともに、住民には、地域の活性化と地域を自ら創っていく主体的な意識の醸成を目指している。

〈近隣の教育・文化施設〉　見事な石垣の松坂城跡や石畳の両側に槇垣を巡らした御城番屋敷、舟形埴輪の宝塚古墳等の他、本居宣長記念館、松浦武四郎記念館、歴史民俗資料館等がある。

◇石川県かほく市立大海《おおみ》小学校

①香林直晴　②六　③九八　④石川県かほく市夏栗ロ一〇　⑤〇七六（二八一）〇二七〇　⑥ＪＲ七尾線高松駅よりタクシーで約五分　⑦ＨＰ㊒・無

学校も地域も元気になれる学校づくり
――地域連携を活かした学校活動の工夫――

コミュニティ・スクールとして、学校と地域が共に活性化することを目指した活動に取り組んでいる。大豆から育てる味噌づくりや学校田での米作り、学校林の保全活動、哲学対話（全学年）、プログラミング学習（全学年）、認知症学習、防災学習等において、年間を通じてより専門性の高い学びの機会を設定するため、地域人材の活用だけでなく、近隣の公共施設や大学、企業等と継続して協力連携を図っている。令和二・三年度実施の通学路トンネルアートプロジェクトや校舎内抗菌塗装活動でも、児童・保護者・地域・企業が協力連携して活動している。様々な活動を重ね、児童の思考力や企画力、実行力、表現力、課題解決能力の育成に努めている。

〈近隣の教育・文化施設〉　かほく市には、石川県立西田幾多郎記念哲学館、石川県立看護大学がある。

Ⅱ　教育課程

●教育目標の具現化
●「生きる力」を育む教育課程の編成
●地域社会の特色を生かした教育課程の編成
●社会に開かれた教育課程
●カリキュラム・マネジメントの推進
●創意ある教育課程の編成
●人権教育
●心の教育
●個性尊重の教育

◇東京都武蔵野市立境南《きょうなん》小学校

①宮崎倉太郎　②一九（特四）　③五九四　④東京都武蔵野市境南町二―二七―二七　⑤〇四二二（三二）三四〇〇　⑥JR中央線武蔵境駅より徒歩八分　⑦HP㊒・無

主体的に学びくらしをよりよくしようとする子
――武蔵野市民科の充実を通して――

「予測困難」な社会において豊かでしなやかに生きていくためには、地域や社会など身の回りのことに興味・関心をもち、主体的に取り組み、かつ他者と協働する中で、問題解決を図っていくことの積み重ねが大切だと考える。

武蔵野市では、これまでも、「市民性」の育成を大切にしてきたが、このほど、「武蔵野市民科」として「自立」「協働」「社会参画」の資質・能力に視点を当てて育てることとした。

本校は、市の教育課題研究開発校として研究をすすめ、「目的意識」と「自己決定」を大切に、全教育活動を通して「市民科」の学習はもとより、教師も児童も主体的に学ぶ学校づくりを目指している。

〈近隣の教育・文化施設〉　本校からバスで約十分ほどの距離に、深大寺神代植物公園、国立天文台、中近東の歴史的文化を伝える中近東文化センター（博物館）がある。

◇宮城県七ヶ浜町立亦楽《えきらく》小学校

①吾孫子修　②一三（特五）　③二三四　④宮城県宮城郡七ヶ浜町代ヶ崎浜字細田五四―一　⑤〇二二（三五七）二五二一　⑥JR仙石線下馬駅より徒歩六〇分、又はタクシーで一五分　⑦HP㊒・無

七ヶ浜・グローカルPROJECT
――世界を見据えて、地域に根差す――

本校の属する七ヶ浜町は、平成二十八年二〇一六年より、三つの小学校と二つの中学校が一体となり「七ヶ浜・グローカルPROJECT（十年計画）」を立ち上げた。これは、大きな社会の変化に対応できる次代を担う児童生徒に「生きる力」を培いたいという願いのもと、「英語コミュニケーション力の育成」「ICT教育の推進」など特色ある教育活動を中心に展開・発信している町ぐるみの取組である。特色の一つである英語コミュニケーション活動においては「明るく楽しく面白く」を合言葉に一年生から六年生まで全学年で取り組んでいる。英語コミュニケーション活動は、今年で六年目を迎え、十一月には五小中学校全てで、授業を公開する予定である。

〈近隣の教育・文化施設〉　七ヶ浜歴史資料館は町内の大木囲貝塚に隣接し、多くの資料が展示され、七ヶ浜国際村には海の見えるホールがあり、三百年前のアメリカの家が再現されている。

◇香川県善通寺市立西部《せいぶ》小学校

①國重裕子　②六（特二）　③一三三　④香川県善通寺市善通寺町一一四六　⑤〇八七七（六二）〇七〇一　⑥JR四国・土讃線善通寺駅よりバス一〇＋徒歩一五分、又は善通寺駅よりタクシー一〇分　⑦HP㊒・無

自己肯定感を育む教育活動
――特別支援教育からのアプローチ――

本校は「みんなでつくる、みんなの楽校」を合言葉に、子どもたちの自己肯定感を育む学校づくりを進めており、子どもたちの学校運営への参画の推進と協働を柱としている。

その営みの中で「みんな」という観点から、特別支援教育からのアプローチを大切にしている。本校の実情に鑑みて、特別支援学級を担任する若年経験者の資質向上、これまで取り組んできた県立特別支援学校との連携の充実、通級指導と子どもたちの教育的ニーズとのマッチングの具体について、校内で研修を深め、連携・協働する実践を積み上げている。

〈近隣の教育・文化施設〉　善通寺市は、南に大麻山、西に五岳の山々を控え、市街地は総本山善通寺を中心に広がる。弘法大師・空海の故郷であり、陸上自衛隊善通寺駐屯地がある。

◇宮崎県西都市立妻南《つまみなみ》小学校

①榎本浩之　②二〇（特三）　③四六三　④宮崎県西都市大字三宅一六六　⑤〇九八三（四三）三一一三　⑥宮崎交通バス西都営業所より徒歩一五分、又はタクシー三分　⑦HP㊒・無

基礎学力と総合的な学力の育成を図る教育課程
――アウトプット型の授業・さいと学・SDGs――

本校では、児童の学力を「基礎学力」と「総合的な学力」に分けて考えた教育課程の工夫と実践に取り組んでいる。基礎学力の向上ではアウトプット型の授業を展開し、児童の思考力や表現力の育成、確実な記憶の定着を図っている。また、各種テストの結果をもとに、年度末の「学びの保障期間」（各学年の国語・社会・算数・理科を中心に二～三週間程度）を設定し、学習内容の確実な定着を図っている。

総合的な学力の育成は、ふるさと学習の中心にある「さいと学」とSDGsを素材とした生活科・総合的な学習の時間で、「自分の考えの確立」「提案型の表現活動」「自分なりのアクションプラン作成」を行い、将来に生きる力を育てている。

〈近隣の教育・文化施設〉　西都市は、「神話のふるさと」宮崎県のほぼ中央に位置し、国の特別史跡に指定される西都原古墳群や日向国府等を有する歴史と文化の息づく街である。

◇岩手県住田町立世田米《せたまい》小学校

①佐藤拓巳　②七（特一）　③九二　④岩手県気仙郡住田町世田米字川向五五―一　⑤〇一九二（四六）三一三五　⑥岩手県交通大船渡・盛岡線　世田米本町下車　徒歩五分　⑦ＨＰ㊒・無

新教科「地域創造学」を中核とした教育課程の開発
――小・中・高等学校の滑らかな接続を活かして――

本町では、平成二十九年度より、文部科学省の研究開発学校の指定を受け、子どもたちに新しい時代を切り拓くために必要な資質・能力や心の豊かさを育成するため、小・中・高等学校の滑らかな接続を活かして、新教科「地域創造学」を新設した場合の教育課程、指導方法及び評価方法等の在り方に関する研究開発に、町内にある保育園、小学校、中学校、住田高校が連携・協力して取り組んでいる。地域創造学では、住田町及び近郊地域社会をフィールドにした、地域の事象とふれ合う体験的な学習や地域の事象について調べる探究的な学習、地域の課題の解決や町の人々の暮らしや産業の向上につなげるための提案や実践を行う学習活動を展開している。

〔近隣の教育・文化施設〕　住田町は、町の中央を清流「気仙川」が流れるなど、豊かな水と緑に囲まれた町である。町は、その豊かな森林を生かして、「林業日本一の町」を目指している。

◇岩手県平泉町立平泉《ひらいずみ》小学校

①佐々木秀善　②一四（特二）　③二六五　④岩手県西磐井郡平泉町平泉字倉町一五五　⑤〇一九一（四六）二二〇二　⑥ＪＲ東北線平泉駅より徒歩八分、又はタクシーで三分　⑦ＨＰ有・㊲

自分の考えを豊かに表現し深める子どもを育てる
――平泉学　過去を学び今を見つめ未来に生きる――

平泉町は小学校二校、中学校一校をもつ人口七千四百人弱の町である。南北に流れる北上川、自然と歴史的景観が素晴らしい商店街、農林業を営む地域からなり、地域性を生かした学習が積極的に行われてきた。

本校の「平泉学」は、暮らしや伝統・文化・生き方に関する探究的な活動を通して、自ら学ぶ力・自己の生き方を考えることを目的としている。学習スタイルは、「参加体験型・知識思考型・発信行動型」を探求的に進めている。平泉学では、知識を得るにとどまらず、地域との関わりを進め、学習が深まるにつれ、歴史や文化を身近に感じ誇りも生まれる。地域への理解は古里に対する愛着を育み、町の将来を担う人材づくりにもつながる。

〔近隣の教育・文化施設〕　平成二十三年に世界文化遺産登録。校門の真向かいにある毛越寺は多くの人が行き交う観光の名所である。諸史跡を学区内に有し「お散歩」しながら歴史を肌で学ぶ。

◇山形県上山市立宮川《みやかわ》小学校

①高橋　徹　②六　③九三　④山形県上山市須田板字原際七八四—一　⑤〇二三（六七四）二八一六　⑥JR山形新幹線かみのやま温泉駅よりバス一二分、須田板バス停下車徒歩一分、又同駅よりタクシー一〇分　⑦HP㊒・無

郷土を愛し、郷土に生きる誇りをもつ児童の育成
―「ふるさと学習」の実践を通して―

本校は、平成二十五年に、三つの学校（本庄小・東小・宮生小）が統合して開校した学校である。広い学区には、学習材となる、豊かな歴史、伝統文化、自然、産業などが多くある。開校以来、それらについて体験を通して学ぶ「ふるさと学習」をカリキュラムに位置付け、地区公民館などの関係機関、地域住民の方々と連携を図りながら取り組んでいる。

開校当時は、羽州街道金山峠越え、そば打ち体験、横川堰見学など、統合した三学区の特色などに触れることが「ふるさと学習」の主なねらいであったが、開校十年という節目を迎える令和四年度以降も、カリキュラムマネジメントによって、郷土愛をさらに育むことができる学習へと発展させていきたい。

〈近隣の教育・文化施設〉　歌人「斎藤茂吉」の記念館が市内にある。また、茂吉が愛した「蔵王」の裾野にある蔵王高原坊平には高地トレーニング施設があり、多くのアスリートも訪れる。

◇神奈川県川崎市立平間《ひらま》小学校

①佐川昌広　②二三（特六）　③五二六　④神奈川県川崎市中原区上平間一四八〇　⑤〇四四（五一一）六五二八　⑥JR南武線平間駅より徒歩一〇分、又は武蔵小杉駅より市営バス川崎駅ラゾーナ広場行で平間小学校前下車　⑦HP㊒・無

主体的に学習に臨みSDGsの視点で未来に繋ぐ子
―地域を巻き込むSDGsアクションを目指す―

SDGsやESDに力を入れていて、令和元年・二年度に生活科・総合的な学習の時間の研究推進校に指定された。「誰一人取り残されない」というSDGsの理念を基に教育目標を立て、子どもがスローガンを創り、ユネスコスクールにチャレンジしている。地域の特徴である多摩川と商店街を核とした授業を中心に、コミュニティ・スクールやPTA・地域・行政・NPO・企業とSDGsを実践している。一月には、様々なステークホルダーと平間SDGsフェスを開催し、子どもの学習発表の他、地域や企業の出前授業・展示・トークセッションなども行う。令和二年度にはジャパンSDGsアワード特別賞を受賞し、SDGsのまち平間を目指している。

〈近隣の教育・文化施設〉　学区には、絶滅危惧種の生物もいる多摩川や夏のサンバカーニバルで賑わう平間銀座商店街がある。タワーマンションが林立する武蔵小杉と川崎の中間に位置する。

◇神奈川県横浜市立本町《ほんちょう》小学校

①田川斉史　②二五（特四）　③六〇四　④神奈川県横浜市中区花咲町三―八六　⑤〇四五（二三一）〇一四一　⑥ＪＲ京浜東北根岸線、横浜市営地下鉄ブルーライン桜木町駅より徒歩五分　⑦ＨＰ㊒・無

自己教育力とコミュニケーション力の育成
――響き合い学びを深める子――

東にＭＭ二十一地区を中心とした『開発地区』に隣接。西に、中央図書館、野毛山動物園等を中心とした『公共施設』と閑静な『住宅街』。南に野毛、伊勢佐木、関内を中心とした『官庁』『商業地区』。この「まち」に根ざした生活科・総合的な学習の時間の授業研究を進めている。これまで「生き生きと未来を創造する子どもの姿」を目指す中で大切にしてきたのは「本物」と「本物がもつ価値」。継続的な研究を通して、子どもたちが本気になって活動や体験を進める姿や、本物と関わる中で新たな価値を見いだしていく姿が見られるようになってきた。「響き合い学びを深める子」を育て、「自己教育力の育成」を目指してさらに研究を進めていく。

〈近隣の教育・文化施設〉　横浜能楽堂・横浜新市庁舎・横浜スタジアム・馬車道・大桟橋・伊勢佐木町モール・野毛山動物園、日本初のガス灯。横浜の新旧がいたるところにある。

◇富山県入善町立上青《じょうせい》小学校

①上田和則　②九（特二）　③一七〇　④富山県下新川郡入善町上野二一一〇　⑤〇七六五（七二）〇一六四　⑥あいの風とやま鉄道入善駅より徒歩四〇分、又はタクシーで一〇分　⑦ＨＰ㊒・無

ふるさと教育を中核に据えた教育活動の推進
――沢スギの日・沢スギ愛護活動を通して――

本校は、昭和五十八年に上原小学校と青木小学校が統合し、今年度で三十九年目を迎える。地域には、国指定の天然記念物の『杉沢の沢スギ』があり、毎年全校児童による愛護活動に取り組んでいる。

「上青小学校文化財愛護少年団」は、昭和五十二年、沢スギを保全するために結成された。今では、地域の方の協力をいただきながら、全校児童による教育活動へと発展している。低学年は沢スギと触れ合い、中学年は課題を設定した調べ学習、高学年は清掃活動や植林等の保全活動を実施しており、本校のふるさと学習の中核的な体験活動に位置付いている。

子どもたちが郷土に魅力を感じ、ふるさとに愛着と誇りを育む教育活動を今後も行っていく。

〈近隣の教育・文化施設〉　天守閣からは富山湾が一望できる舟見城址がある。かつて戦国の武士たちが使用したとされる武具や大名行列絵巻など、貴重な品々を数多く展示している。

◇富山県中新川郡立山町立利田《りた》小学校

①尾﨑　斉　②九（特二）　③一八一　④富山県中新川郡立山町利田七二二　⑤〇七六（四六三）一〇六一　⑥富山地方鉄道立山線五百石駅より富山駅前行バス六分、日置停留所下車後徒歩一六分　又は富山地方鉄道立山線五百石駅よりタクシーで八分　⑦ＨＰ㊒・無

ふるさとに関わり、大切に思う心の醸成
――地域とともに子どもを育てる――

　地域活動が非常に盛んな校区の特徴を生かし、校区の各種団体の活動と教育活動とを関連付け、児童が地域の方々とふれあい、ふるさとについて考える機会を設けている。学年の発達の段階に応じて、文化特産まつりへの作品展示や出店、保育所でのボランティア活動、各種異世代交流会での発表や交流、戦没者慰霊の集いと平和学習への参加等、様々な地域行事を児童が地域の方々とともにつくり上げる活動に取り組んでいる。さらに総合的な学習の時間のテーマを「ふるさと」とし、自分の経験と繋げて、段階的に自分とふるさととの関わりを見つめ直す機会を設けている。地域の温かい理解と手厚い協力のもとで、ふるさとを大切に思う児童の心が育っている。

〔近隣の教育・文化施設〕　立山町は、町域に立山連邦を有する自然豊かな町である。立山の自然と人間の関わりを学べる、立山博物館や立山カルデラ砂防博物館等がある。

◇福井県あわら市本荘《ほんじょう》小学校

①虎尾茂樹　②八（特二）　③一四二　④福井県あわら市下番七一一　⑤〇七七六（七七）二六一〇　⑥えちぜん鉄道三国芦原線本荘駅下車徒歩一〇分　⑦ＨＰ㊒・無

地域の教育資源を取り込んだ教育課程の展開
――地域の人・自然・歴史とつなげた学びの深化――

　本校は、中国の文豪、魯迅が生涯恩師と慕い続けた藤野厳九郎が生まれ育った地である。近くには歴史ある神社・仏閣や史跡等も多く点在している。その一つに、学校すぐ東隣には、九百年以上の歴史をもつ春日神社がある。そして、それを包み込むように、校歌にも歌われている、「春日の森」がある。この広大な森は子どもたちのフィールドワークの拠点ともなっている。地域の歴史や自然を守り、後世に伝え遺していこうと活動している人々もたくさんいる。

　これらの素晴らしい教育資源と子どもたちをつなげながら地域学習を深めていくことで、ふるさとあわら市に生まれたことに自信と誇りをもち、将来、地域の発展を担う人材の育成を目指す。

〔近隣の教育・文化施設〕　近くには、あわら湯のまち広場に移設された藤野厳九郎記念館がある。また、市内には環境学習の場としてふさわしい北潟湖や国有林がある。

◇京都府南丹市立美山《みやま》小学校

①朝倉幸平　②八（特二）　③一三七　④京都府南丹市美山町島島台五二　⑤〇七七一（七五）〇〇一七　⑥ＪＲ山陰線日吉駅より南丹市営バスにて美山支所前バス停下車　徒歩二分　⑦ＨＰ㊒・無

自ら考え伝え合い学ぶ喜びを実感する児童の育成
――美山学の実践を通して――

本校は、平成二十八年に、近隣五校が再編し開校した。校区が広大となり、各地域と学校との関係を再構築する中で、育てたい子ども像を学校と地域社会で共有してきた。地域との協働によって、地域の人、物、自然、文化等の教育資源を教育活動に取り入れた「美山学」を展開し、ふるさと美山についての理解を深めてきた。山間地で急速な人口減少という実態のもと、地域の良さについて考え、地域の課題を知り、それに向き合うことで、主体的に地域社会に関わる力の育成を目指している。美山地域の未来を担う児童が、自然体験やホームステイ等を通して、地域の人々の思いを知り、つながりを構築し、地域創生の一翼を担う存在となることを期待している。

〔近隣の教育・文化施設〕　重要伝統的建造物群保存地区「美山かやぶきの里・北村」、京都丹波高原国定公園ビジターセンター、京都大学フィールド科学研究センター芦生研究林がある。

◇鳥取県伯耆町立二部《にぶ》小学校

①下前博司　②七（特二）　③四三　④鳥取県西伯郡伯耆町二部一六一七　⑤〇八五九（六二）七一〇三　⑥ＪＲ西日本　伯備線伯耆溝口駅より、タクシー・デマンドバスで約一〇分　⑦ＨＰ㊒・無

学びを拓き、未来を拓き、地域に拓く子どもの育成
――ＥＳＤの視点を踏まえたふるさと学習の展開――

本校は、平成三十年度よりコミュニティ・スクールとして、地域と共にある学校づくりを目指し、学校運営協議会と連携・協働した学校運営に取り組んでいる。また、令和元年度より、ＥＳＤの視点を踏まえた生活科・総合的な学習の時間の授業づくりの研究を行い、地域の課題を探究課題とし、持続可能な地域の在り方を模索し、主体的・探究的に課題解決に向かうために必要な資質・能力を育んできた。さらに、教科横断的な授業のカリキュラムをデザインし、児童一人一人に付けたい確かな学力と地域を愛する心、人間性豊かな実践力のある子どもの育成を目指している。

令和三年度、第四十一回鳥取県小学校教育研究会西伯郡部会研究発表大会開催。

〔近隣の教育・文化施設〕　歴史と文化、豊かな自然に恵まれた本地区には、江戸時代参勤交代で賑わった出雲街道の名残が多数ある。校門に建つ拓士の像は、世界的彫刻家辻晉堂作である。

◇広島県廿日市市立吉和《よしわ》小学校

①戸崎志乃婦　②五（特一）　③三三　④広島県廿日市市吉和一五五五―一　⑤〇八二九（七七）二〇一〇　⑥JR山陽本線「宮内串戸」駅下車「津田」行広電バス「津田」下車　「吉和」行さくらバス「花原」下車徒歩五分　中国自動車道吉和インターから車五分　⑦HP㈲・無

考えをもち、はっきり表現する児童生徒の育成
――教育課程の編成と説明力を高める指導工夫――

ＳＤＧｓの視点で地域資源を活用し、総合的な学習の時間を中心に教科横断的な学習を仕組み、全教科・領域において説明力を高め、持続可能な地域づくりの担い手を育成する。

一　ＳＤＧｓの視点を踏まえた教育課程の編成
○ＳＤＧｓの視点を取り入れた教育課程の編成
○教科横断的な視点を実現する生活科及び総合的な学習の時間の指導工夫
二　全教科・領域における説明力を高める指導方法の工夫
○ＩＣＴ機器の効果的活用
○説明力を高める場の設定
○振り返りによる評価の工夫
三　総合的な学習の時間を中心に「ＳＤＧｓ」を共通キーワードとした地域連携の推進
○地元企業や行政との連携による情報発信

〈近隣の教育・文化施設〉　廿日市市にある宮島は日本三景の一つ。国の特別史跡、特別名勝に指定されている。厳島神社は平成八年世界文化遺産に登録された。

◇愛媛県新居浜市立多喜浜《たきはま》小学校

①高橋竜貴　②九（特三）　③一二一　④愛媛県新居浜市多喜浜五―七―三四　⑤〇八九七（四五）〇一四二　⑥JR四国予讃線多喜浜駅より徒歩三四分、又はタクシーで七分　⑦HP㈲・無

海の恵みで発展してきたふるさとを学ぶ
――多喜浜塩田を未来へ伝えよう！――

本校は、敷地内にある世界で唯一のミニ塩田施設や塩の学習館を教育資源として活用し、後世に残る多喜浜塩田の文化遺産を生かした学習活動を展開している。また、令和二年度からは、教育課程特例校として、生活科及び総合的な学習の時間を再編成した「海っこタイム」を新設し、海洋教育の推進に取り組んでいる。

発達段階に応じたテーマを設定し、塩田学習と海洋教育を関連付けながら、多角的・段階的に学びを発展させることで、現代社会が抱えている海洋全体に関わる課題解決につなげている。ふるさとと新居浜に関する知識や理解を深めるとともに、「かしょい（助け合い）」の精神を基本理念とした、地域と協働した授業づくりを展開している。

〈近隣の教育・文化施設〉　校区には塩田ゆかりの建物や文化財が点在し、希望者は塩田ウォークを体験できる。多喜浜公民館二階に、塩田で使われた貴重な道具や資料が展示されている。

◇福岡県福岡市立田隈《たぐま》小学校

①遠入哲司　②一七（特三）　③四四九　④福岡県福岡市早良区田隈二—七—一　⑤〇九二（八七一）三七〇六　⑥福岡市営地下鉄七隈線賀茂駅より徒歩八分、西鉄バス田隈新町バス停より徒歩五分　⑦ＨＰ㊒・無

田隈校区を愛する子どもを育てる学習活動の創造
——田隈小版ＥＳＤの具現化を通して——

本校は、令和元年から、田隈校区の自治協議会、社会福祉協議会、ＰＴＡ等の取組、などをはじめとする地域の「ひと・もの・ことについてＳＤＧｓ」の視点から見直し、各学年の教育課程に位置付けた「田隈小ＥＳＤ」の実践に取り組んでいる。令和三年七月十六日には、本校で、福岡県国際理解教育研究会研究大会を行い、六年生の児童が「博多湾の生き物を救う自らの行動」について、一人一台端末を用いて、提案を行った。この際、参観者が携帯端末を用い、直接、提案に対して評価を行うことができるようにした。今後は、一人一台端末やルーブリックの活用を通して、学習後も行動が継続していくような実践に取り組む予定である。

〈近隣の教育・文化施設〉　福岡市早良区には、国宝金印「漢倭奴国王」、ユネスコ無形文化財「博多祇園山笠」など、福岡市の特色が学べる福岡市博物館がある。

◇熊本県熊本市立五福《ごふく》小学校

①本田裕紀　②二二（特二）　③二五三　④熊本県熊本市中央区細工町二—二五　⑤〇九六（三五六）〇七三九　⑥ＪＲ熊本駅より市電五分、徒歩三分、又は徒歩一五分　⑦ＨＰ㊒・無

対話を通して協働的に学び続ける子どもの育成
——ＩＣＴを活用した学びのＳＴＥＡＭ化——

本校は百四十六年の歴史ある学校であり、学校と地域のつながりが大変強い。令和三年度からＳＴＥＡＭ教育の研究モデル校として、一人一台のタブレットを各教科で日常的に活用し、情報活用能力をベースにした学習プロセスを通して、子どもが学び取る授業づくりを推進している。さらに、生活科・総合的な学習の時間では、「地域」をキーワードに六年間を見通し、各教科とのカリキュラムマネジメントも工夫しながら系統的に五福小ならではのプロジェクト型の協働学習にも取り組んでいる。学校と地域社会をつなぎ、産学官とも連携・協働しながら、ＩＣＴを活用し子どもが主体的に発信・行動できるようにする。

〈近隣の教育・文化施設〉　本校は熊本城の西方に位置し加藤清正の治世時より形成された問屋街である。一町に一寺があり古町と言われている。熊本城も市電で十分の距離である。

◇大分県玖珠町立小田《おた》小学校

①佐藤貴司　②四　③一二　④大分県玖珠郡玖珠町大字小田一〇二七一一　⑤〇九七三（七二）〇二三七　⑥ＪＲ久大本線豊後森駅よりタクシーで一〇分　⑦ＨＰ㊒・無

豊かな人間性を育む自然体験活動の取組
――「気付き・考え・行動する」児童を目指して――

本校は、昨年度から町の「玖珠町の未来を創る人材育成会議」を受けて、『自然体験ワーキンググループ』のモデル校として取組を進めてきた。取組では、児童が活動主体となり、学校運営協議会・ＰＴＡがサポートを担っている。取組を進めるにあたり、県教育委員会社会教育課・県農林水産部森との共生推進室、森林ネットおおいた等の力を借りながら計画・実践を進めている。この実践の柱は、『アサギマダラを呼ぼうプロジェクト』『小田小植樹プロジェクト』と年間を通した森林学習を織り交ぜながらの活動である。また、森林学習を中心とした九重青少年の家での「宿泊体験活動」で、児童の自己肯定感や思考力・判断力・表現力の育成を目指した。

〔近隣の教育・文化施設〕「童話の里」玖珠町は、自然豊かな山間部に位置し、日本のアンデルセンと呼ばれた久留島武彦の生誕の地で、五月に日本童話祭を開催している。

◇大分県豊後大野市立菅尾《すがお》小学校

①衛藤　浩　②七（特一）　③八三　④大分県豊後大野市三重町浅瀬三三〇四　⑤〇九七四（二二）〇三七四　⑥ＪＲ豊肥線菅尾駅より徒歩一〇分　⑦ＨＰ㊒・無

グローカル人材の育成を目指す単元デザインの開発
――ジオパークを活用した教科横断的な授業実践――

豊後大野市は平成二十五年に日本ジオパークネットワークに加盟認定され、学校教育基本方針にも「郷土学」の推進を掲げ「ジオ学習」の推進を図ってきた。本校では、校区にあるジオサイトを中心に継続した学習に取り組み、地域の宝物についての学びを深めてきた。令和二年度は、立命館アジア太平洋大学の学生を招待し英語でジオガイドを行い、学生のＳＮＳを通して豊後大野市の魅力が幅広く発信された。ＩＣＴ機器を活用することで、コロナ禍においても学びを止めることなく、県外の学校ともリモート交流学習を行うなど、ＳＤＧｓの達成に向け「持続可能なまちづくり」の視点をもって、ふるさと豊後大野を学ぶ学習に積極的に取り組んでいる。

〔近隣の教育・文化施設〕自然を未来に残し伝えるまち豊後大野市は県土の一割を占め、二十三のジオサイトをもつ「おおいた豊後大野ジオパーク」として日本ジオパークに登録されている。

◇沖縄県今帰仁村立天底《あめそこ》小学校

①渡口美智代　②九（特三）　③一六一　④沖縄県国頭郡今帰仁村字天底四二〇　⑤〇九八〇（五六）二四〇五　⑥名護バスターミナル今帰仁向け約三〇分　天底入り口バス停より徒歩六分　⑦ＨＰ㊒・無

自己実現に向け主体的に学びに向かう力の育成
――未来を拓く夢ファイルの活用を通して――

夢ファイル（キャリアパスポート）を導入し、キャリア教育で育てたい力「ふり返る力」「かかわる力」「みとおす力」「やりぬく力」を各教科、領域に関連付けて実践している。年度当初は保護者と連携して個々の目標、将来の夢、具体的な取組等、学期末には児童・教師・保護者で評価及び振り返りを行い個々の変容を確認し、各自の成長の足跡を記録している。六年間継続して取り組み、中学へと繋いでいる。また地域連携コーディネーターと連携し、地域社会がもつ教育資源と学校を結び付け、今帰仁村における産業や福祉、企業等児童の多様な能力を活用する「場」を提供する機会を積極的に設け、将来の夢や目標の実現に繋がるよう取り組んでいる。

〔近隣の教育・文化施設〕　今帰仁村は「今帰仁城趾」が世界遺産に登録されており、また本校校庭には沖縄の名木百選に選定された樹齢約百八十五年のがじゅまるの木がそびえ立っている。

◇沖縄県竹富町立上原《うえはら》小学校

①真喜志達哉　②八（特二）　③九四　④沖縄県八重山郡竹富町字上原三八三　⑤〇九八〇（八五）六二五九　⑥離島ターミナル（石垣島）から上原港（西表島）まで船五〇分　上原港から上原小前バス停までバス八分（徒歩三〇分）　⑦ＨＰ㊒・無

誇れる我が島づくりに主体的に活動する児童の育成
――海洋教育の実践とＳＤＧｓ・ＥＳＤ視点から――

本校では、地域学習や環境学習を基盤とし、ＥＳＤの視点をもち、ＳＤＧｓの目標（課題）とのつながりを各教科・領域において意識した授業を構築し、本町全体で取り組んでいる海洋教育を中心に実践している。

授業では、各教科・領域の中から海洋教育に関する内容を横断的に単元構成して設けた「結ぬ海科」を教育課程に位置付け、「海洋教育副読本」（本町教育委員会作成）を活用することで、充実した学習及び活動に進化させている。

海洋教育の実践で、自分の地域や島への誇りをもち、そこから社会全体とのつながりを意識し、地域の一員として自覚をもって学び、関わり、主体的に活動できる児童を育てることを目指している。

〔近隣の教育・文化施設〕　西表島は、令和三年度に「世界自然遺産」に登録され、島民は自然環境保全への意識が高い。学校から一キロ圏内に「中野ビーチ」があり、ビーチクリーンを実践。

◇岡山県浅口市立寄島《よりしま》小学校

①田中圭子　②八（特二）　③一六一　④岡山県浅口市寄島町一六〇八九―三　⑤〇八六五（五四）二〇三五　⑥JR山陽本線里庄駅よりバス二〇分徒歩七分　又は里庄駅よりタクシー一〇分　⑦HP㊒・無

地域に開かれた保こ小中一貫の教育課程の創造
――コアカリキュラム「よりしま学」の開発――

よりしま学とは、ふるさとに誇りをもつ子どもの育成をねらいとした地域学習で、海をテーマに海洋教育の視点から、寄島に親しみ、寄島を知り、寄島を見つめ、寄島に貢献・還元することができるよう必要な内容を五歳児から中学三年までの保育活動・生活科・総合的な学習を核に配列し、寄島の強みを生かし、弱みを解決する学びにつながるよう構成している。

これまで、フィールドワークや地域住民・児童生徒等のアイデアを生かした熟議、授業実践を行いながら、地域の意見を生かしたカリキュラムシートやストーリーシートを作成。今年度は本校の自己肯定感ルーブリックをもとに、よりしま学を通して自己肯定感を高める実践研究を進めた。

〈近隣の教育・文化施設〉　寄島干拓地内の絶滅危惧種「アッケシソウ」は、本州唯一の自生地と言われ、十月中旬、塩湿地一帯が赤く紅葉する風景が楽しめる。

◇埼玉県戸田市立新曽《にいぞ》小学校

①加藤貴嗣　②二四（特三）　③六六六　④埼玉県戸田市新曽南二―一三―八　⑤〇四八（四四二）二七七四　⑥JR埼京線戸田駅より徒歩二〇分、又は戸田駅よりタクシーで六分　⑦HP㊒・無

つなぐ
――人、社会をつなぐ資質・能力ベースの学び――

平成二十九年からセサミストリートカリキュラムのパイロット校として、「夢をえがき、計画をたて、行動する」力の育成を図るため、セサミワークショップと連携した授業実践に取り組んでいる。

現在は、三十年後の社会で必要な力を児童に身に付けさせるため、総合的な学習の時間・生活科を軸として、各教科、セサミストリートカリキュラムなどのカリキュラム・マネジメントを行っている。カリキュラム・マネジメントの効果を上げるため、学習内容や身に付けさせる力のつながりの見える化のため、各学年で単元配列表を作成している。また、PBL型学習を推進し、実社会と教室をつなぐ学びを通して問題解決力の育成に取り組んでいる。

〈近隣の教育・文化施設〉　戸田市は、荒川が流れる水と緑のあふれる街である。一九六四年東京五輪ボート競技会場の戸田ボートコースは、現在も多くの大学・実業団チームの艇庫がある。

◇東京都目黒区立中目黒《なかめぐろ》小学校

①横溝宇人　②一八（特一）　③五七二　④東京都目黒区中目黒三―一三―三二　⑤〇三（三七一一）七六二八　⑥東急東横線中目黒駅より徒歩八分　⑦ＨＰ㊒・無

自律的な学び手を育てる
――午前五時間制の特色を生かした教育課程――

四十分午前五時間制を生かした創意工夫ある教育課程の開発を行う。四十分午前五時間制によって時間を生み出し、学校独自の創意工夫ある教育活動等に生かしている。「午前五時間制」の研究を生かし、学校教育法施行規則第五十一条の規定によらず、一単位時間を四十分とした「教育内容のカリキュラムマネジメントの実現」「『主体的・対話的で深い学び』の視点からの授業改善」を通して、児童の学びや生活の質の向上を図るための学校独自の創意工夫ある教育課程、それを支える各教科等の指導方法、適切な授業時数の在り方について研究を進める。

〈近隣の教育・文化施設〉　東京都写真美術館、東京音楽大学がある。

◇大阪府泉北郡忠岡町立東忠岡《ひがしただおか》小学校

①土居正幸　②二四（特七）　③五五一　④大阪府泉北郡忠岡町馬瀬二―一七―一　⑤〇七二五（二二）六五五〇　⑥南海本線忠岡駅より徒歩一五分　⑦ＨＰ㊒・無

カリキュラムマネジメントで取組をつなげる
――各学年・各部・各教科等を横断的に見直す――

本校は、昭和三十二年に忠岡町立学校から分かれ、東忠岡小学校として開校した。学校教育目標として、「よく学ぶ子　心豊かな子　元気な子」の育成を目指している。令和三年度から四年度、文部科学省より「カリキュラムマネジメント調査研究校」として指定を受け、「つながる」をキーワードに研究を推進している。各学年、各部、各教科等では、今までもその年度ごとにそれぞれで取り組んできた。この研究で、学年、部、教科等を横断的につなげることを目指している。特に児童一人一台のタブレット配布をきっかけに、ＩＣＴを活用した授業や活動に取り組んでいる。今年度は、学年所属の枠をこえて、算数の領域を切り口に研究した。

〈近隣の教育・文化施設〉　町内に忠岡神社があり、神社内には本町のホトトギス同人が建立した「高濱虚子、高濱年尾、稲畑汀子三代句碑」がある。親子三代の句碑は大変珍しい。

◇広島県広島市立長束《ながつか》小学校

①吉武　哲　②一九（特二）　③四六三　④広島県広島市安佐南区長束四―一五―一　⑤〇八二（二三九）一七六四　⑥JR可部線安芸長束駅より徒歩二分　⑦HP㊒・無

働き方改革におけるカリキュラムマネジメント
――短時間学習と総合的な学習の時間を核とする――

働き方改革は、最終的には教職員が健康でやりがい感をもちながら、授業改善を図って教育活動を充実させたり、質的向上に努めたりするものでなくてはならない。しかしながら、ICTを活用した授業を始め、英語教育やプログラミング教育など学校で教えるべき内容は増加し、授業の準備時間などを含めると、かなりの時間を教職員に課すことになる。また、近年のように自然災害が頻発する状況では、授業実施が困難になる可能性も高く、その分、益々教育課程はタイトになっていく。そこで、本校においては、十五分の短時間学習や教科関連型の「総合的な学習の時間」に取り組み、授業内容の創意工夫に努めている。

〈近隣の教育・文化施設〉　広島市は、戦後、国際平和都市として復興を遂げてきた。市内には原爆ドームをはじめ平和を祈念する様々な施設がある。

◇高知県高知市立江陽《こうよう》小学校

①今西和子　②一九（特五）　③四二八　④高知県高知市江陽町一―三〇　⑤〇八八（八八二）九一四一　⑥JR高知駅より徒歩一〇分　⑦HP㊒・無

主体的・対話的で深い学びを目指す授業づくり
――子どもの言葉で授業を創る――

令和元年度から高知市教育委員会の指定を受け、「学びの山を登ろう」という学校教育目標の下、カリキュラム・マネジメントの充実と、資質・能力（言語能力、問題発見・解決能力、人と関わる力）の育成に向けた取組を全教職員で進めている。実践の核となるのが、「授業研究部」・「学力体力向上部」・「人間関係づくり部」・「児童理解部」である。四部からの提案と実践、振り返りというPDCAサイクルを回しながら、学習指導（学びの地図）と生徒指導（心の地図）の連動を図り、単元配列表の作成と活用、国語科を中心とした教科等横断的な単元の開発、地域や保護者との連携・協働による教育課程の充実を図っている。

〈近隣の教育・文化施設〉　高知市は、中核市でありながら川・海・山の自然にも恵まれている。近隣には、子どもたちが学びの場とする交通公園や図書館、科学館などもある。

◇熊本県水俣市立水俣第一《みなまただいいち》小学校

①田村紀広　②一九（特六）　③四五五　④熊本県水俣市陣内一―一―一二　⑤〇九六六（六三）四一三三　⑥九州新幹線　新水俣駅より徒歩三〇分、又はタクシーで八分、南九州自動車道　水俣ICから車で五分　⑦HP㊒・無

「熊本の学び」実現に向けた「一小の学び」の充実
――カリキュラム・マネジメントから授業改善へ――

本校は、創立百四十七年の歴史をもつ学校であり、校訓「虔・賢・健」の下、「ふるさと・人・命」を大切にする児童、夢や希望に向かってねばり強く努力する児童の育成を目指している。

平成三十年度・令和元年度には、熊本県教育委員会から「熊本の学び」研究指定校事業カリキュラム・マネジメント研究の研究指定を受け、国語科を軸とした教科等横断的な学習年間計画やグランドデザインの作成、身に付けさせたい三つの資質・能力の設定等の実践的研究を重ね、令和二年一月には研究発表会を開催した。令和二年度以降もカリキュラム・マネジメント研究の成果を生かした「一小の学び」の充実に努め、「熊本の学び」推進に向けて研究を継続している。

〈近隣の教育・文化施設〉　水俣湾を埋め立て完成したエコパーク水俣周辺には、水俣病資料館、環境センター、水俣病情報センター等、水俣病に関する学習ができる施設が集められている。

◇沖縄県那覇市立石嶺《いしみね》小学校

①砂川深雪　②三五（特八）　③八四五　④沖縄県那覇市首里石嶺町四―三六〇―八　⑤〇九八（九一七）三三二九　⑥モノレール石嶺駅より徒歩八分、又は那覇バス石嶺営業所徒歩五分　⑦HP㊒・無

自ら考え表現する子の育成を目指して
――地域を知り、地域とつながる活動を通して――

「社会に開かれた教育課程」においては、よりよい学校教育を通してよりよい社会を創るという理念を学校と社会とが共有し社会との連携及び協働により、その実現を図っていくことも重要である。そこで、児童や地域の現状や課題をとらえ、地域を知り、地域とつながる活動を総合的な学習の時間や生活科等において、教科横断的な視点で教育課程を組み立てて、主体的・協働的に学ぶ工夫をし、探究課題の解決を通して自ら考え表現する子の育成を目指していく。また、持続可能な社会の創り手の育成を地域の教育資源や学習環境の実態を掘り起こして地域人材バンクの作成・活用、コミュニティ・スクール発足に向けての地域・保護者との熟議も開催している。

〈近隣の教育・文化施設〉　那覇市の北東、旧都首里城下石嶺町の大名原に位置し、東に県立福祉センター、中央児童相談所、児童園等の福祉施設、南に石嶺公民館・スポーツプラザがある。

◇岩手県釜石市立双葉《ふたば》小学校

①及川美香子　②七（特一）　③一四七　④岩手県釜石市新町一—五八　⑤〇一九三（二三）五一一九　⑥JR釜石線小佐野駅から徒歩約一三分、又はタクシーで二分　⑦HP有・無

つながり　高め合う　学びを創り出す子ども
——社会科・生活科の授業改善を通して——

本研究は学習指導要領を受け、平成元年度から右記の研究テーマとサブタイトルを設定し研究を行っている。具体的な目指す児童の姿は問題や課題を自分のものとしてとらえ、自分（達）で問題や課題を解決していこうとする主体的な姿とした。また、目指す姿に迫るための具体的な手だては次の三つとし生活科や社会科の学習活動に位置付けて実践研究を行っている。

一つは既習事項との関わりを通して、解決の糸口をつかんだり、自力解決の方法を考えたりすること。

二つは他者との交流を通して、発言をつなぎ、考えを伝え合う活動を行うこと。

三つは自己の学びや他者との学び合いを振り返り、学びのよさや価値を考えること。

〈近隣の教育・文化施設〉　釜石市は「鉄と魚とラグビーのまち」近代製鉄の発祥の地として発展。二〇一五年には橋野高炉跡が世界遺産に登録。二〇一九年にはラグビーワールドカップ開催。

◇岐阜県瑞穂市立生津《なまづ》小学校

①山本邦宏　②一六（特二）　③四三三　④岐阜県瑞穂市馬場上光町二—一〇八　⑤〇五八（三二七）五四〇六　⑥JR東海道本線穂積駅下車北へ徒歩三〇分、岐阜バス生津バス停下車徒歩五分　⑦HP有・無

主体的にコミュニケーションを図る児童の育成
——考えや気持ちを伝え合う言語活動を通して——

本校は平成六年度に文部科学省から研究開発学校に指定されてから今日まで小学校の英語教育の研究、実践に取り組んでいる。この間、小学校における英語学習の在り方を追究し、教材開発、学習活動や評価の工夫、指導計画の作成などを行ってきた。平成二十二年度からは教育課程特例校として、一年生から教科としている。第九期（令和元年度～三年度）は、「主体的にコミュニケーションを図る児童の育成」を研究主題とし、自分の考えや気持ちを伝え合う言語活動を重点にしている。こうした取組を通して、これからの社会を生き抜く重要な資質であるコミュニケーション能力、そしてそのツールである英語力を身に付けた児童の育成を図っている。

〈近隣の教育・文化施設〉　校区には中山道が通る。皇女和宮が徳川将軍家茂公に嫁ぐために中山道を横切る呂久川を渡られた際に短歌を詠まれたことを記念した「小簾紅園《おずこうえん》」がある。

◇群馬県藤岡市立藤岡第一《ふじおかだいいち》小学校

①宮澤克巳　②二一（特三）　③五四四　④群馬県藤岡市藤岡一八四八―二　⑤〇二七四（二二）〇五四九　⑥JR八高線群馬藤岡駅より徒歩二五分、又はタクシーで五分　⑦HP㈲・無

自己肯定感を高め、他者を認める児童の育成
――生徒指導の三機能を生かした教育課程の充実――

本校は、令和二年度に群馬県教育委員会から「人権教育研究推進事業」の指定を受け、さらに令和三年度は文部科学省の指定も加わり、二年間の研究実践を進めてきた。具体的には、自己肯定感の高い子どもを育てたいと考え、「授業の中に生徒指導の三機能を位置付ける」「中学校区で足並みをそろえ九年間で取り組む」「SDGsと関係付け人権への意識を高める」といった研究実践に取り組んだ。

特に、子どもたちの学校生活で一番長い授業の中で自己肯定感を高めることが大切であると考え、「自己決定」「自己存在感」「共感的人間関係」といった生徒指導の三機能を授業に位置付け、ネームプレートの活用を主な手だてとして実践に取り組んだ。

〈近隣の教育・文化施設〉　藤岡市には、「富岡製糸場と絹産業遺産群」の構成資産の一つとして世界文化遺産に登録された「高山社跡」があり、各小学校では高山社学に取り組んでいる。

◇埼玉県深谷市立上柴東《かみしばひがし》小学校

①梅沢　修　②一六（特四）　③四三二　④埼玉県深谷市上柴町東五―九―一　⑤〇四八（五七三）七四三五　⑥JR高崎線籠原駅よりタクシー一〇分徒歩四〇分、又は深谷駅よりタクシー一〇分徒歩三五分　⑦HP㈲・無

夢と志をはぐくむ上柴東っ子の育成
――学び合い学習を通した人権感覚の育成――

本校は、「夢と志をはぐくむ上柴東っ子の育成　～本気で学ぶ子　思いやりがある子　進んで運動する子～」を学校教育目標として、「腰骨を立て『学校が好きで生き生き活動する子』」の育成に取り組んでいる。

平成三十一年度に埼玉県から人権教育研究指定校、令和二年度に深谷市から人権教育の研究委嘱を受けて研究に取り組んできた。研究主題を「学び合い学習を通した人権感覚の育成」として、教育活動全般を通して「学び合い学習」に取り組むことにより、自己肯定感を高め、自分も他の人も大切にできる児童の育成に努めてきた。

令和三年度からは「ICTを活用した学び合い学習の実践」を研究テーマとして人権教育の研究に取り組んでいる。

〈近隣の教育・文化施設〉　深谷市は「日本資本主義の父」と言われる澁澤栄一翁の生誕の地である。現在も栄一翁の生家である「中の家」が現存しており、多くの見学者で賑わっている。

◇東京都墨田区立梅若《うめわか》小学校

①安藤芳典　②一一（特八）　③三三一　④東京都墨田区墨田二―二五―二　⑤〇三（三六一四）六九一三　⑥東武スカイツリーライン鐘ヶ淵駅より徒歩一〇分　⑦ＨＰ㊒・無

自分を知る　友達を知る　そして共に生きる
――人権課題「外国人」への取組――

平成二十三年四月、梅若小学校と堤小学校の二校が統合し、本校が開校した。開校と同時に東京都教育委員会人権尊重教育推進校の指定を受け、研究を続けている。

本校には、外国にルーツのある児童が多く在籍している。そのため、系統的に人権課題「外国人」に取り組み、コミュニケーションを通して他者やその国のよさに触れる学習や、様々な国の言葉を学ぶ「みんなの言葉で話そう集会」を毎年行っている。また、人権標語を作成したり、人権作文の取組をしたりすることで、「自分を知る、友達を知る」研究主題の実現を目指している。多様な他者を受け入れ、自己を肯定していく。それが「共に生きる」ということであると考え、日々実践している。

〈近隣の教育・文化施設〉　区内には東京スカイツリー、国技館、江戸東京博物館などの文化的歴史的な施設が多く存在する。本校は梅若伝説からその名が付けられ、近隣に梅若塚がある。

◇岐阜県関市立安桜《あさくら》小学校

①長屋メイ子　②一七（特二）　③四六五　④岐阜県関市いろは町一　⑤〇五七五（二二）五四二一　⑥長良川鉄道刃物会館駅から徒歩五分　⑦ＨＰ㊒・無

温かい人間関係をつくり出そうとする行動力の育成
――確かな人権感覚を育てる教育活動の工夫改善――

令和三年度より岐阜県教育委員会から「人権教育研究指定校事業」を受け、研究実践に励んでいる。差別的な事象に出会ったとき、正しく行動できる児童を育成するためには、世界や日本にどのような人権問題があるか知ることが重要である。各学年とも、十七の人権課題の学習を年間通して行っている。差別や偏見の事実を知っても、実際に差別的な事象に直面した時、簡単に立ち向かっていけるわけではない。自己の生き方を見つめ、弱さを乗りこえる力を身に付ける道徳の授業実践に力を入れている。そして、他者を思いやる気持ちを行動として表せる力を付けるために、児童会が中心となり挨拶やトイレのスリッパ揃えなどの活動に取り組んでいる。

〈近隣の教育・文化施設〉　関鍛冶伝承館は七百年に及ぶ関鍛冶の技を今に伝える施設で、日本刀ができるまでを様々に資料展示してある。日本刀鍛錬場は公開日に誰でも見学ができる。

◇島根県邑智郡川本町立川本《かわもと》小学校

①星野明洋　②八（特二）　③一一九　④島根県邑智郡川本町大字川本四二六　⑤〇八五五（七二）〇三二九　⑥JR山陰本線大田市駅よりバス（石見交通広島線）で石見川本まで五五分、石見川本より徒歩五分　⑦HP㊒・無

自他大切にし、学び合い、高め合う子どもの育成
――教育活動全体を通じて推進する人権教育――

本校は、学校教育目標を、「ふるさとを愛する、たくましい子どもの育成」とし、「わかろうとする子」「友達も自分も大切にする子」「からだを大事にする子」を目指している。児童一人一人がこれからの将来をたくましく切り拓いて生きていけるようにするためには自立と社会参加を可能とする力を育成し自己実現を支援していく「進路保障」の理念に基づいた人権教育の取組を推進していく必要がある。そこで「よかったと思える教育活動には人権教育がある」という考えのもと、全ての教育活動を「人権としての教育」「人権を通じての教育」「人権についての教育」の視点を通して見直し、教育活動全体を通して人権教育を推進した。

〈近隣の教育・文化施設〉　町内には、千人を収容できる大ホールや会議室、図書館などがある悠邑々ふるさと会館がある。町には中国地方最大の一級河川である江《ごう》の川が流れている。

◇愛媛県松山市立番町《ばんちょう》小学校

①尾脇康資　②一三（特一）　③三三九　④愛媛県松山市二番町四―六―一　⑤〇八九（九四一）一四四六　⑥JR松山駅より市内電車市役所前下車徒歩三分、伊予鉄松山市駅より徒歩一五分、松山空港よりタクシーで二〇分　⑦HP㊒・無

自他のよさに気付き、大切にできる児童の育成
――他者との関わり合いを重視した活動を通して――

令和二・三年度文部科学省人権教育研究指定校を受け、二年間に渡って全ての教育活動の根幹である人権・同和教育を核として、子どもたちの人権意識の高揚を図り、人権感覚を磨くことに努めてきた。その二本柱となるのが、「主体的・対話的で深い学び」に向けて授業改善を目指した「授業づくり部会」と子ども同士のつながりを深め、自己有用感を高める支援の在り方を目指した「仲間づくり部会」である。コロナ禍で様々な活動が制限される中でも、教職員が研修を重ねる中で人権意識を高め、子どもたちは他者との関わりの中で人権感覚を養っていき、学校全体として自他のよさに気付き、自他を大切にできる児童の育成につなげることができた。

〈近隣の教育・文化施設〉　松山市は俳句の町として知られており、本校は正岡子規、高浜虚子等著名な俳人を多数輩出している。近くには子規ゆかりの萬翠荘や子規記念博物館もある。

◇鹿児島県いちき串木野市立照島《てるしま》小学校

①町田実徳　②九（特三）　③一八四　④鹿児島県いちき串木野市照島五四五三―三　⑤〇九九六（三二）四四四六　⑥ＪＲ鹿児島本線神村学園前駅より徒歩八分　⑦ＨＰ㊒・無

互いを支え合うことができる仲間づくりの推進
――相手を思いやり自分の思いを伝える心の育成――

本校では、生徒指導に関する研修や心の教育推進委員会などで、児童が抱える問題について意見交換をし、その中で不登校や登校渋り、いじめ、友人関係によるトラブル、家庭環境などで悩んでいる児童の実態を報告したり、対策を話し合って児童の健全育成に取り組み、昨年度は不登校ゼロだった。しかし、自分本位な考え方や行動で安易に友達を傷つけたり、自分の思いをうまく伝えられない等の事案も少なくない。

そこで、令和三年度、県「子どもの人権プロジェクト」推進校の指定を受け、児童が身に付けていくべき「相手を思いやる心」「自分の思いを伝えようとする心」を育成する研究を進めた。

〈近隣の教育・文化施設〉　古代山岳仏教発祥の冠岳に冠嶽神社、冠嶽園、江戸時代末期に薩摩藩が派遣した英国留学生の出港地にその功績等を展示した薩摩藩英国留学生記念館がある。

◇山口県長門市立油谷《ゆや》小学校

①長廻　修　②九（特三）　③一〇〇　④山口県長門市油谷新別名一〇六六六　⑤〇八三七（三二）一一〇二　⑥ＪＲ山陰本線人丸駅より徒歩一〇分、又は人丸駅よりタクシー三分　⑦ＨＰ㊒・無

〈対話〉のある道徳科の授業づくり
――多面的・多角的な見方を培う発問の工夫――

学校教育目標に「ふるさと油谷を愛する、かしこく、やさしく、たくましい子どもの育成～よさを認めアクティブに学ぶ～」を掲げ、心の教育推進校の研究指定校として、自他のよさを認め合える児童の育成に取り組んでいる。研究の中核となる道徳科の授業では、発問を切り口とした多面的・多角的な見方・考え方を培う授業づくりに取り組み、道徳授業の質と児童の見方・考え方の質的向上を目指している。

さらに、様々な面で地域・保護者の方々の支援を受けながら教育活動を推進し、豊かな心を育んでいるところである。

〈近隣の教育・文化施設〉　油谷は、油谷湾や妙見山、雨乞岳《あまごい》にかこまれた地域である。油谷小学校の隣には、油谷中央公民館を有する文化施設「ラポールゆや」がある。

◇福井県越前市味真野《あじまの》小学校

①吉村信彦　②一二（特一）　③二五五　④福井県越前市池泉町九─一　⑤〇七七八（二七）一三二三　⑥ＪＲ北陸線武生駅よりバス二〇分徒歩五分、又はタクシー二〇分　⑦ＨＰ㊒・無

きたえよう発信する力
──思いや情報を的確に伝えられる子──

本校は、豊かな自然と継体天皇仮宮の伝承や万葉集に地名が残るなど古い歴史と伝統文化に恵まれている。校庭には、樹齢百年以上の一本桜が四季折々の容姿を見せてくれており、児童のみならず地域の方々の深い愛情で、その姿を保っている。

本校の大きな取組として、地域・家庭と連携しながら地域の教育資産を生かした探究学習を行っている。令和二年には、五年生が取り組んだ活動が「第十八回トムソーヤスクール企画コンテスト」で文部科学大臣賞を受賞した。また、探究学習の基礎となる読み取る力や書く力、発信する力の育成のための取組に力を入れている。こうした、様々な教育活動を通して、次の味真野を担う子どもたちを育てていきたい。

〈近隣の教育・文化施設〉　継体天皇御所宮跡や万葉集ゆかりの和風庭園味真野苑が近隣に立地している。また、伝統工芸である打刃物の里ナイフビレッジが併設している。

◇長野県長野市立裾花《すそばな》小学校

①宮島卓朗　②二二（特三）　③五一七　④長野県長野市中御所五─六─一　⑤〇二六（二二六）六七〇四　⑥ＪＲ東日本長野駅よりバス一五分徒歩二分、又は長野駅よりタクシー一〇分　⑦ＨＰ㊒・無

教科担任制の運営
──多面的な児童理解と授業の質の向上──

教科担任制を導入し、六年目となる。この間、複数職員による多面的な児童理解と授業準備の効率化などの、教師側の負担軽減を念頭に置き取り組んできた。

教科担任制を運営していると、従来より複数職員で児童理解が図りやすくなり、学年として対応もしやすくなっていると感じる。また、授業準備の効率化を図ることが授業の質の向上につながっているようにも感じる。

「教科担任制運営マニュアル」を作成し、この六年間で試行錯誤を繰り返し実践してきたことをまとめた。今後も職員間で共通理解・共通認識を図りながら、小中連携の観点からも更に推進していきたいと考えている。

〈近隣の教育・文化施設〉　善光寺、長野市立博物館、長野市芸術館、ホクト文化ホール、長野市若里市民文化ホール等がある。

Ⅲ　教育活動

●思考力・判断力・表現力の育成
●キャリア教育（生き方指導）
●伝統文化を取り入れた教育活動
● ICT 教育（GIGA スクール構想等）
●プログラミング教育
●食　育
●環境教育
●健康・保健教育
●福祉教育
●図書館教育・読書指導
●安全・防災教育
●各教科（国語、算数、理科、図画工作、体育、特別活動）
●特別の教科　道徳
●外国語活動・外国語科
●総合的な学習の時間
●インクルーシブ教育・特別支援教育
●指導法の工夫
●教育相談・生徒指導

◇山形県山形市立金井《かない》小学校

①大戸晃彦　②二九（特三）　③七九二　④山形県山形市陣場三―七―六〇　⑤〇二三（六八一）八四七一　⑥JR左沢線東金井駅より徒歩五分　⑦HP㊒・無

人と関わりながら、学ぶ喜びを実感する子ども
――課題を自分事としてとらえ主体的に解決する――

夢や希望・好奇心・貢献意欲など、子ども自身がもっている学びに向かうエネルギーを活かし、自分のこととして学びに取り組む主体的な姿勢を育む。

学ぶ楽しさとして、学習と生活を往還することで生まれる「活かす楽しさ」、理論や考え方を自分で見付け出す「つくる楽しさ」、相互に批評・評価し合い、考えを高め合う「磨き合う楽しさ」を味わえる学習を目指す。

OJTを充実させるために「ふらっと研修」を位置付け、もち授業のない時間帯等にふらっと授業を参観し、放課後等の時間を活かして日常的に学び合えるようにしている。

〈近隣の教育・文化施設〉　蔵王山の麓にある山形市は城下町であり、県郷土館「文翔館」　市郷土館「済生館」をはじめ「山寺立石寺」などの歴史的建造物や神社仏閣などが点在している。

◇福島県郡山市立芳山《ほうざん》小学校

①大知里重政　②一四（特二）　③三二四　④福島県郡山市長者二―八―二四　⑤〇二四（九三二）五二九四　⑥JR東日本郡山駅から徒歩二〇分、又は福島交通バスで七分、徒歩三分　⑦HP㊒・無

学びをあじわう
――思いを受け容れ、動き出す学び――

本校は創立百二十一年を迎え、教育理念に「敬・信・愛」を掲げる。日々の学びにおいて、子どもたちは、対象（人・もの・こと）に十分に没頭し、感じたこと、思考したことを共に学ぶ仲間と語り合い、創り上げていく。その過程から自分や仲間の成長を感じる。これが本校の普遍的な学びである。テーマの「学びをあじわう」とは、対象・仲間・自分との関わりを通して、新たな見方や価値への気付き、自己の充実が図られることである。

課題解決の困難さや喜びの実感をもち、自分と仲間の学びを見つめ直し、次への学びへと連続させて考えられることととらえている。「学びを照らす」「学びが見える」「学びがつながる」授業づくりに取り組んでいる。

〈近隣の教育・文化施設〉　郡山駅前には本市のシンボルとなるビッグアイの中にふれあい科学館、また本校周辺にはこおりやま文学の森資料館、歴史資料館、開成館などの施設がある。

◇茨城県猿島郡五霞町立五霞東《ごかひがし》小学校

①中川孝志　②一一（特四）　③一八五　④茨城県猿島郡五霞町江川二〇〇　⑤〇二八〇（八四）〇〇八七　⑥東武日光線南栗橋駅よりバス一六分徒歩三分、又は南栗橋駅よりタクシーで一三分　⑦ＨＰ㊒・無

「学び合い」学習を基盤とした授業の研究
――学ぶ力を育み、課題解決能力を育成する――

生涯にわたって学び続ける力を育成できるよう協働的な学びの研究を推進している。

主体的・対話的な学びを成立させるには、一人一人の学ぶ力を育て、かつ学級の集団が何でも言い合える集団でなければならない。

そのために、算数の学習において、問題を解く際の「困り感」に寄り添い、お互いを尊重しながら話を聞き合い、対話的コミュニケーションが交わせるような学習指導を研究の中心に据えた。そして、「学びの主体としての学習者」を育て、創造的な「思考」や「探究活動」をすることで、児童の確かな学力の定着を図る。

〈近隣の教育・文化施設〉　五霞町には、県指定文化財の穴薬師古墳がある。小高い円墳であり、古墳時代後期の造営と考えられるが関東地方には例がなく、学術上貴重なものである。

◇栃木県那須塩原市立大貫《おおぬき》小学校

①室井壮夫　②三　③一九　④栃木県那須塩原市上大貫二〇七七―二　⑤〇二八七（三五）二二五一　⑥ＪＲ野崎駅よりタクシーで一〇分　⑦ＨＰ㊒・無

自分の考えをもち、表現できる児童の育成
――考えを伝え合う活動を通して――

本校の開校は明治七年で、長い歴史の中で地域の人々に親しまれてきた学校である。児童数が年々減少し、現在は複式教育を行っている。小規模校のデメリットを減らしメリットを生かした教育の実践に努めている。

平成二十九年度からの三年間、「互いに深め合い、主体的に学ぶ児童の育成」を研究主題として研究を行ってきた。ペア学習やグループ学習で友達と話し合うことにより問題を解決する楽しさを感じさせることができてきた。その成果と課題を踏まえ、令和二年度からは、自分とは異なる意見も取り入れ自分自身の考えを深める児童、自分の考えを表現し互いの考えを伝え合って、課題を解決する児童の育成を目指し研究に取り組んでいる。

〈近隣の教育・文化施設〉　明治以降大々的な開拓が進み大農場が生まれた那須野が原には開拓の歴史を伝える文化財が数多く残っている。旧青木家那須別邸・大山記念館・那須野が原博物館。

◇石川県羽咋市立瑞穂《みずほ》小学校

①疋津信一　②八（特二）　③一三二　④石川県羽咋市深江町ル六一―一　⑤〇七六七（二二）〇〇〇五　⑥JR七尾線羽咋駅よりバス一〇分徒歩七分、又は羽咋駅よりタクシー一〇分　⑦HP㊒・無

自分の言葉で伝え合うみずほっ子を目指して
――言語能力の向上を図る各教科の研究――

本校は、言語能力の育成に重点を置き、input（思考力）、output（表現力）に視点を当て、授業の中でinput⇔outputの場面を設定するとともに、ICT機器を効果的に活用し、自分の言葉で伝え合う児童を目指して研究を進めている。

今年度からは、児童が、自分の言葉で表現する力のさらなる育成のために、児童が、学んだことを生かして語りたくなるような「活用場面の設定」について焦点を当てて取り組んでいる。

また、石川県教育委員会より「GIGAスクール構想の実現に向けた教員のICT活用指導力強化事業」のモデル校指定を受け、学びを深めるためのICT機器の効果的な活用について実践を積み重ねているところである。

〔近隣の教育・文化施設〕　羽咋市は、能登の里山里海として世界農業遺産に認定されている。日本で唯一車で走れる砂浜「千里浜なぎさドライブウェイ」がある。

◇石川県穴水町立穴水《あなみず》小学校

①吉村明美　②八（特二）　③一六九　④石川県鳳珠郡穴水町字大町ロ―一六五―一　⑤〇七六八（五二）〇〇六五　⑥能登鉄道穴水駅より徒歩五分　のと里山空港から車で一〇分　⑦HP㊒・無

根拠や筋道を明確に表現できる児童の育成
――図や式、言葉を取り入れて――

本校は、「二十一世紀をたくましく生き抜く力の育成～自ら考え、表現できる子の育成～」という教育目標の下、学校研究において、「根拠や筋道を明確に表現できる児童の育成」に取り組んでいる。

平成二十八年度から、算数科を中心に、図・式・言葉を相互に関連させて説明する中で、筋道立てて考えを表現する姿を目指している。主体的・対話的で深い学びの実現に向け、課題解決の見通しをもたせ、図や式を根拠に考えをどのように表現させるかなど、その指導の工夫について研究を続けている。

令和三年度からは教科を広げるとともに、教育活動全体で、書く・読む活動の場を意図的に多く取り入れることで、更なる表現力の向上を目指している。

〔近隣の教育・文化施設〕　本町は、のと里山空港から約十分に位置する。本校周辺には、歴史民俗資料館や鋳物館等の他、町内全ての小中高等学校があり、様々な分野で連携している。

◇福井県福井市明新《めいしん》小学校

①田中佳之　②二八（特二）　③八五〇　④福井県福井市灯明寺一―二一〇一　⑤〇七七六（二二）八八一五　⑥えちぜん鉄道新田塚駅より徒歩一〇分　⑦ＨＰ㊒・無

豊かな心を育む多様な関わり合いのある学び
――親しむことから始めるＮＩＥ実践を通して――

令和三年度から二年間、ＮＩＥ（Ｎｅｗｓｐａｐｅｒ Ｉｎ Ｅｄｕｃａｔｉｏｎ）実践校に指定された。「主体的・対話的で深い学び」の実現に向けて、教育活動において積極的に新聞を活用し、情報活用能力の育成を図っていく。

指定校一年目の令和三年度は、子どもたちが新聞に慣れ親しむことからはじめ、校内の廊下四カ所に新聞台を置き、四紙の新聞をいつでも読むことができるように環境を整えた。子どもたちは新聞を休み時間に気軽に読んだり、学習において調べ活動に活用したりしている。今後、ＮＩＥ教育を通して子どもたちが社会に目を向け、物事を読み解く力や問題を発見する力などを身に付けさせていきたい。

〔近隣の教育・文化施設〕　福井市は足羽山や足羽川、越前海岸があり、多種多様な自然を満喫することができる。一乗谷朝倉氏遺跡をはじめ、多くの歴史遺産がある。

◇京都府木津川市立城山《しろやま》台《だい》小学校

①竹花裕子　②四六（特八）　③一一八八　④京都府木津川市城山台六―一―一　⑤〇七七四（七一）三九〇〇　⑥ＪＲ奈良線木津駅より徒歩一五分、又は奈良交通バス「京大農場」バス停より徒歩一分　⑦ＨＰ㊒・無

各教科等における思考ツールを活用した授業改善
――児童も教師も考えることを楽しむ――

本校は、開校八年目の新設校である。「思考ツールを活用した授業改善」の研究に七年間に渡り取り組み続けている。研究当初から継続して関西大学総合情報学部の黒上晴夫教授にご指導をいただき、「考えることを楽しむ」ことができる児童の育成を目指してきた。

児童数・教員数が増加する中、令和三年度は十六ある教科チームのいずれかに教員が属し、三～四人の少人数グループを核に「学びたい教科における思考ツールの活用」に挑戦して互いの力量を高めている。

過去五回の研究発表会では、様々な教科の思考ツールを活用した授業を公開して、参加した全国の先生方とともに教員自身が考えることを楽しみ、主体的・対話的に授業づくりを学んでいる。

〔近隣の教育・文化施設〕　京都府最南端に位置する木津川市。関西文化学術研究都市の一つで多くの研究施設がある。市内に国宝や重要文化財も多く、奈良・京都・大阪へのアクセスも良い。

◇兵庫県伊丹市立花里《はなさと》小学校

①村上雅博　②一六（特四）　③三五四　④兵庫県伊丹市寺本三―一三五　⑤〇七二（七八一）六四五一　⑥ＪＲ伊丹駅よりバス二〇分　⑦ＨＰ㊒・無

一人一人に確かな力を付け豊かに表現する子の育成
――花里スタイルと思考ツールによる授業創り――

未来の宝である子どもたちには予測困難な社会を生き抜いていく力が重要である。そこで「一人一人に確かな力」を育成するため、「花里スタイル」として、授業スタイル（目当て・一人学び・協働学び・振り返り）や、学習規律（正しい姿勢・聞き方あいうえお等）を全教職員が心を合わせて実践している。

豊かに表現する子の育成と深い学びの実現へ「思考ツール」を活用している。また一人一台のタブレット端末を活用した個別最適な学びとともに、考えを交流し共有する中で、拡散・収束・比較・整理等の思考スキルを磨いている。

コロナ禍を乗り越えるため正しく理解しストレスに対応できる授業等を通して課題解決能力の育成を図っている。

〈近隣の教育・文化施設〉　伊丹市は伊丹空港（大阪国際空港）のある街でスカイパーク等の公園や、昆陽池、昆虫館、こども文化科学館（プラネタリウム）等の教育環境が充実している。

◇熊本県宇土市立宇土東《うとひがし》小学校

①前田至誠　②一五（特四）　③二九一　④熊本県宇土市築篭町四六　⑤〇九六四（二二）三〇一三　⑥ＪＲ鹿児島本線宇土駅より徒歩一八分、又はタクシーで四分　⑦ＨＰ㊒・無

思考力・判断力・表現力を育てる算数科学習
――主体的に学び、考えをつなぐ児童を目指して――

本校は、「社会に出て通用する力を身につけた東っ子の育成」を目指し、教育活動に取り組んでいる。

本校では、昭和六十二年の開校以来、一貫して算数科における学力充実に取り組み、毎年公開授業を続けている。昨年度はコロナ禍の中、オンラインでの自主発表を行った。授業においては、対話活動を中心として、主体的・対話的に学ぶ児童の姿を目指している。そのために、「宇土東学びの流れ」や「子どもの考えをつなぐ発問例」などを作成している。それらを共有することで、どのクラスでも対話的な授業づくりを行うことができている。

本年度は、授業で学んだことを確実に定着させ、確かな学力とするための研究を深めた。

〈近隣の教育・文化施設〉　縄文時代の貝塚が多い。古墳時代の石棺に使われているピンク色の石材「馬門石」の産地である。日本最古の上水道「轟泉《ごうせん》水道」は、現在でも使われている。

◇岐阜県可児市立土田《どた》小学校

①奥村雅人　②二一（特四）　③五三〇　④岐阜県可児市土田四二二六―一　⑤〇五七四（二五）二六五二　⑥名鉄広見線可児川駅より徒歩一五分　⑦HP㊒・無

国際教室における日本語指導の在り方について
――主体的に学ぶ意欲を育てる指導方法――

本校は令和三年度に岐阜県教育委員会から「外国人児童生徒教育カリキュラム開発会議」の指定を受け、外国籍児童が在籍する「国際教室」における日本語指導の在り方について委員を中心に研究を進めてきた。特別な教育課程を受けることで生活言語を身に付け学校生活で充実感を味わえるようになったり、学習言語を習得し学習への満足感を味わったりできる児童像を描いている。さらには外国籍児童自身が将来について具体的な夢をもち、キャリアデザインを実践できることを目指している。全校児童の約三十％を占める外国籍児童にとって日本語指導は必然である。本指定を契機に、本校児童がよりよい環境で学べるよう学校体制づくりにも一層励みたい。

〈近隣の教育・文化施設〉　可児市の中央部には可児川、北端部には木曽川が流れ自然豊かな地域である。国指定史跡長塚古墳、銅たく発掘の地など多くの遺跡が分布する歴史の町でもある。

◇三重県名張市立すずらん台《だい》小学校

①宮﨑慎治　②九（特三）　③一四八　④三重県名張市すずらん台東三―二一九　⑤〇五九五（六八）〇五五五　⑥近鉄大阪線青山町駅よりタクシー一〇分　⑦HP㊒・無

なりたい自分の実現に向け、協同し合う子どもの育成
――学習意欲を高めるキャリア教育を目指して――

本校のあるすずらん台は自然に恵まれ、学校の南側には「学習の森（学校林）」が整備され、多くの子どもたちが休み時間や学習活動の中で利用している。

平成三十一年度から名張市教育委員会指定の事業を受け研究を推進してきた。

自己肯定感の育成等を目指す中で、「ＳＡＢめあて」や達成感のある振り返りなどにポイントをおいた〝授業づくり〟、すずらん台地域の様々な方々との出会いやボランティア活動への参加、ＨｏｍｅＨｏｍｅカード、キャリアパスポートの活用や異学年交流等から〝なりたい自分〟に向かって努力していける児童の育成を目指し日々取組を進める。

今後もこの取組を継続していく予定である。

〈近隣の教育・文化施設〉　市内には、能楽を大成した観阿弥の創座の地や大来皇女が建立させたと言われる夏見廃寺（昌福寺）跡、展示館や名張藤堂家邸跡などの文化財がある。

◇福岡県行橋市立仲津《なかつ》小学校

①上野　誠　②一五（特三）　③三二二　④福岡県行橋市道場寺一四三九　⑤〇九三〇（二二）二三八四　⑥ＪＲ日豊本線新田原駅より徒歩一五分　⑦ＨＰ㊒・無

希望や目標をもち自己実現に向かう児童の育成
——キャリア教育の視点での学級活動を通して——

本校は、平成二十一年度から三年間接続する仲津中学校と共に福岡県重点課題指定を受け、「児童・生徒の人間関係力を育てる学習指導の工夫」をテーマとして小中一貫したカリキュラムの作成や連携の工夫に取り組んだことを皮切りに、小中共通テーマのもとに小学校独自のテーマを設定しての研究を現在まで継続してきている。

現在の小中共通テーマ「将来に向かって自立しようとする児童生徒を育てる小中連携の取組」を受けて、本校では令和三年度より、各教科、領域等の関連を図った学習プログラムの構築を着眼とし、キャリア教育の視点での学級活動の在り方を模索しながら、希望や目標をもって自己実現に向かう児童の育成を目指している。

〈近隣の教育・文化施設〉　行橋市は海・山・川の自然に恵まれた福岡県京築地区の中核都市である。市内にある史跡「馬ヶ岳城址」は戦国武将黒田官兵衛の九州最初の居城として知られる。

◇静岡県藤枝市立西益津《にしますづ》小学校

①河原茂樹　②一六（特二）　③三七八　④静岡県藤枝市田中一―七―二〇　⑤〇五四（六四一）〇四〇〇　⑥ＪＲ東海道線西焼津駅より五十海大住線清里行きバス七分、又は西焼津駅よりタクシー七分　⑦ＨＰ㊒・無

地域の伝統的価値を理解し誇りに思う児童の育成
——田中城の歴史・文化にふれる学習を通して——

本校は、一八七二年に「亀城」と呼ばれる田中城本丸跡に造られた歴史と伝統のある学校である。子どもたちは、藩校「日知館」の教えを汲む「亀城ッ子宣言」を大切にして、いたわりの心で生活している。

本校では、地域の伝統的価値を理解し誇りに思う児童の育成を目指し、コミュニティ・スクールを活用して地域の方々を講師に迎え、各学年の発達段階に合わせた地域や田中城の歴史・文化の学習を進めている。毎年秋に実施する「亀城祭」では、六年生が、それまでの学習の集大成として、田中城主本多氏の大名行列を再現し、地域を堂々と練り歩く。子どもたちが地域への誇りと愛着を深めるとともに、地域の活性化にもつながっている。

〈近隣の教育・文化施設〉　校区内には、史跡田中城下屋敷や三日月堀跡など、田中城ゆかりの歴史的遺構が点在し、歩いて巡ることができる。国指定の志太郡衙跡《しだぐんがあと》へは車で十二分。

◇岩手県軽米町立軽米《かるまい》小学校

①川村憲弘　②一二（特二）　③一九六　④岩手県九戸郡軽米町大字軽米五―三四―一　⑤〇一九五（四六）二六一四　⑥JR東北本線金田一温泉駅よりバスで二〇分、軽米仲町より徒歩五分　⑦HP㊒・無

確かな学力を身に付け、進んで学ぶ児童の育成
――ICTを効果的に活用した授業を通して――

本校では、ICTを効果的に活用した授業を通して、「確かな学力を身に付け、進んで学ぶ児童の育成」を目指して研究を進めている。授業のねらいを達成するために、ICT機器をどの場面でどのように活用すれば学習効果が上がるかを授業者が考え、各教科・領域において授業研究を積み重ねている。授業実践を通して、各教科・領域や様々な指導段階での活用事例の収集が進んでいる。

また、令和三年度から一人一台のタブレットが整備され、授業での活用が増えた。個別学習や協働学習がより充実したことにより、児童のICTスキルが向上し、学習の質的変換が図られてきている。今後も、更なる授業改善に向けてICTの可能性を探っていきたい。

〈近隣の教育・文化施設〉　軽米町には、「えぞと大自然のロマンの森」（軽米町歴史民俗資料館、歴史と民俗の館、古民家）があり、町の歴史や文化を学び自然に親しむこともできる。

◇秋田県秋田市立明徳《めいとく》小学校

①加賀一幸　②七　③一八九　④秋田県秋田市千秋公園一―一三　⑤〇一八（八三三）四七三七　⑥秋田駅西口より徒歩一五分又はタクシーで五分　⑦HP㊒・無

自ら学び、共に高め合う子どもの育成
――ICTを活用した授業づくり――

本校では、個々の考えを深めるための対話的な学びの充実を目指し、ICTを活用した授業づくりを進めてきた。一人一人が基礎的・基本的な知識・技能を習得し、個々の課題を主体的に解決するために必要なICT活用の在り方を探るとともに、対話を通して思考を深める学習指導の工夫に取り組んでいる。

令和三年度は、課題研究推進校としてタブレット端末を活用した授業を展開するとともに、計画的に授業研究会を行った。コラボノートを活用した学び合いの場の工夫や、プログラミング学習を取り入れた授業実践など、様々な教科でICTを活用し、「できた」「分かった」「もっと学びたい」という喜びを実感できる授業づくりに努めた。

〈近隣の教育・文化施設〉　本校近隣には「千秋公園」があり、四季折々の植物を楽しむことができる。また、園内には「秋田市立佐竹資料館」や「秋田市立中央図書館明徳館」などがある。

◇福島県福島市立岡山《おかやま》小学校

①坂本眞理　②一八（特三）　③四一七　④福島県福島市山口字上中田四三　⑤〇二四（五三四）二一九五　⑥JR東北線福島駅よりバス文知摺線約二〇分、文知摺下車、徒歩三分、又はタクシーで二〇分　⑦HP㊒・無

学ぶ喜びを実感できる授業の実践
――算数科におけるICTの活用――

本校は創立百三十三年を迎える歴史のある学校である。「子どもと教師の和」、「教職員の和」、「学校と保護者・地域の和」三つの和を大切にして、教育活動を展開している。特に、基礎・基本の確実な定着を図り、進んで学ぶ子どもを育成するため、一人一人のよさを生かしながら主体的に学習する力を育てることを教育目標の重点事項としている。令和二年度より市の委託を受け、令和三年十月に研究公開を行った。算数科において、子どもたちが考えをもち、それを交流させる場面でICT機器の活用を図り、教師がどのようにコーディネートしていけば、子どもの実感を伴った「学ぶ喜び」につながるのか授業実践を通して検証している。

〈近隣の教育・文化施設〉　福島市は、「信夫文知摺観音」や「宮畑遺跡」等の史跡、作曲家「古関裕而」記念館等文化施設、桜の名所「花見山」など、豊かな自然に恵まれた環境にある。

◇群馬県甘楽郡下仁田町立下仁田《しもにた》小学校

①富岡千春　②八（特二）　③一三九　④群馬県甘楽郡下仁田町大字下仁田七三　⑤〇二七四（八二）二〇七七　⑥上信電鉄線下仁田駅より徒歩一〇分　⑦HP㊒・無

主体的・対話的で深い学びの実現を目指して
――ICTの効果的な活用を通して――

本校は、平成二十九年度にタブレット端末や無線LAN環境が整備され、日常的にICT機器を活用した授業が行われている。しかし、「ICT機器を使うことを目的とした授業となっている。」「ICT機器を活用することに重きが置かれ、各教科の目指す資質・能力が身に付いていない。」といった課題が明らかになってきた。そこで、児童に身に付けさせたい資質・能力の育成を第一に考え、ICTを効果的に活用することによって実現する、主体的・対話的で深い学びを目指す授業改善に取り組む。そうした取組を職員で共有するため、授業実践を中心に研究を進めている。

〈近隣の教育・文化施設〉　下仁田町は、変化に富んだ地質の宝庫であるため、ジオパークに認定されている。また、富岡製糸場とともに世界遺産登録された絹産業遺産群の荒船風穴を有する。

◇群馬県高山村立高山《たかやま》小学校

①荒木孝史　②八（特二）　③一四四　④群馬県吾妻郡高山村大字中山二七九二―一　⑤〇二七九（六三）二〇〇一　⑥ＪＲ中之条駅より、たかやまバス中山本宿行きで高山小学校前下車、又はタクシーで二五分　⑦ＨＰ㊒・無

時代を切り拓くことのできる児童の育成
――主体的・対話的で深い学びへのＩＣＴの活用――

令和二年度より群馬県教育委員会が進めるＩＣＴ活用促進プロジェクトの拠点校として教育活動へのＩＣＴ導入に向けた研究を行っている。

研究では、「主体的・対話的で深い学び」を実現するために、ＩＣＴを活用した新たな学びのスタイルを構築することを目指している。「日常にＩＣＴの利活用がある」学習の在り方を探るため、授業における様々な学び方を試みながら、実体験に基づいた体験的な学習とＩＣＴの特性を生かした情報活用に富む学習を融合させることで、児童の主体的な学びを促進していきたいと考え実践研究を重ねている。

一人一台端末を利用し、学習ログの利活用や双方向コミュニケーションによる学びなどを試みている。

〈近隣の教育・文化施設〉　村内子持山の高台に県立ぐんま天文台がある。直接覗くことができる反射式望遠鏡としては世界最高クラスの百五十センチ望遠鏡を有し、見学や夜間観望もできる。

◇千葉県船橋市立二宮《にのみや》小学校

①中野　誠　②一七（特四）　③五八八　④千葉県船橋市前原東五―九―三　⑤〇四七（四七七）四五六七　⑥新京成電鉄前原駅より徒歩七分　⑦ＨＰ㊒・無

自ら学び、互いに高め合う児童の育成
――ＩＣＴを効果的に活用した学びを通して――

本校は、「けやきの子、大地に根をはり、大きくのびよう　自ら学ぶ子　思いやりのある子　進んで運動する子」を教育目標として掲げている。

令和三年度より船橋市教育委員会情報教育研究指定校として三年間の研究を開始した。「ＩＣＴやデジタル教材の特性を生かして一人一人に応じた学習課題を設定させること」と「ＩＣＴを活用して児童同士や多様な他者と協働する学びを設定すること」を研究の重点として授業改善を図っている。個人の能力や関心に応じた一人一台端末を活用した教育がこれからの学校のスタンダードだと認識し、教員のＩＣＴ活用指導力の向上と児童の情報活用能力の育成に向けて研究を推進している。

〈近隣の教育・文化施設〉　学区には、樹齢三百年以上ともいわれる銀杏のある「道入庵」、千葉県文化財指定「蔵王権現三尊像」のある「御嶽神社」、四足門のある旧家などが点在している。

◇東京都西東京市立中原《なかはら》小学校

①水野伸一郎　②二三（特七）　③八二九　④東京都西東京市ひばりが丘二―六―二五　⑤〇四二（四二二）四五一八　⑥西武池袋線ひばりが丘駅よりバス一〇分、徒歩二〇分　⑦ＨＰ㊒・無

自ら問いをもち、考え表現する児童の育成
――ＩＣＴの効果的活用を通した授業改善――

本校は、これまで「自ら問いをもち考える力」を育成するために、学習の振り返りの活動を重視した授業改善を進めてきた。令和三・四年度は、西東京市教育委員会の指定を受け、児童が見通しをもって取り組み、振り返りによる学びの自覚化を促すことができるよう、ＩＣＴの日常的な活用に取り組んでいる。

授業実践の効果を高めるために、これまでの教育実践の成果とＧＩＧＡスクール構想に基づく一人一台のタブレット端末の効果的な活用の組み合わせによる指導の在り方を検討している。また、感染症予防のため、令和三年度は、長期休業中のオンライン登校日の設定、緊急事態宣言下でのオンライン学習も進めた。

〈近隣の教育・文化施設〉　西東京市は、平成十三年に田無市と保谷市が合併して誕生した市である。市内には、国指定の縄文遺跡「下野谷遺跡」、東京大学の研究施設（東大農場）がある。

◇山梨県道志村立道志《どうし》小学校

①佐藤龍文　②七（特一）　③五三　④山梨県南都留郡道志村七五六八　⑤〇五五四（五二）二〇一三　⑥富士急行線谷村町駅よりバスで五〇分　⑦ＨＰ㊒・無

自ら考え、共に学びを深め合う子どもの育成
――ＩＣＴ機器の効果的活用を図った授業づくり――

本校は、コロナが拡大し教育活動が制限される中、教育活動の維持・充実のためにＩＣＴ機器の積極的活用を図ってきた。ＺＯＯＭを活用し、長期休業中（令和二年度）のオンライン授業、全校集会・児童集会、社会科インタビュー活動、横浜市小学校との交流活動等を実践してきた。また、令和三・四年度「深い学びの実現に向けたＩＣＴ活用推進校」（山梨県教育委員会）に指定され、児童の「主体的・対話的で深い学び」の実現に向けてＩＣＴ機器の効果的活用を図った授業研究を進めている。

本校は山間部に位置し、若い先生方が多い。「積極的にチャレンジしよう」を合言葉に教職員の教師力向上を図り、学び合い、磨き合う学校文化の醸成を図っている。

〈近隣の教育・文化施設〉　道志村は山梨県南東部に位置し、道志七里と表されるように東西二八キロメートルの細長い地形で、総面積九三パーセントが山林である。道志川は明治時代から横浜市の水源である。

◇長野県栄村立栄《さかえ》小学校

①齊藤　隆　②八（特二）　③四三　④長野県下水内郡栄村北信一　⑤〇二六九（八七）二〇〇六　⑥ＪＲ飯山線横倉駅より徒歩五分　⑦ＨＰ㊒・無

子どもの主体的な学びを促すＩＣＴの活用
――遠隔合同授業で外部とつながることを通して――

長野県最北端に位置するへき地少人数校である本校では、二〇一六年度から、地域の特徴や少人数のよさを生かし、ＩＣＴを用いた遠隔合同授業を積極的に行ってきた。

分校や近隣の小規模校との遠隔合同授業に始まり、長野県内各地の十校以上が参加する「ミニ・ビブリオバトル（書評合戦）」に発展した。へき地に立地する本校にとって、遠方の人と瞬時につながって情報を得たり交流したりすることができる遠隔合同授業は、子どもたちの主体的な学びにつながっている。また、交流先の人が画面に映ることで、明確な相手意識をもって伝えようとする力が育ってきている。

子どもの自律的で主体的な学びをさらに促すＩＣＴの活用を研究している。

〈近隣の教育・文化施設〉　長野県栄村と新潟県津南町にまたがって位置する苗場山麓ジオパーク。柱状節理、風穴、地層など大地の躍動を体感できるジオサイトが栄村内だけで三十一か所ある。

◇静岡県伊東市立東《ひがし》小学校

①森田まり　②八（知的二）　③一八二　④静岡県伊東市大原二―二―六　⑤〇五五七（三七）二五二七　⑥ＪＲ伊東線伊東駅より徒歩一五分、又はバスで五分　⑦ＨＰ㊒・無

学び続ける力を身に付けた子の育成
――ＧＩＧＡスクール構想下における授業改善――

本校は令和三年度から二年間、静岡県教育委員会の指定を受け、資質・能力の三つの柱をバランスよく育成するために、ＧＩＧＡスクール構想（一人一台端末）下において、ＩＣＴ機器を効果的に活用しながら「主体的・対話的で深い学び」の実現に向けた授業改善を推進している。研究テーマである学び続ける力を育成するための仮説として①「他者との関わりを生かして協働的に学ぶ力」②「学びの経歴（これまでに身に付けた資質・能力）を自覚し、新たな課題の解決へ向けて学びを調整する力」の育成を設定した。○指導方法の開発及び授業実践○学習記録の蓄積と学習内容の関連付け○ツール活用能力の育成、を三本の軸として実践を進めている。

〈近隣の教育・文化施設〉　伊東市は城ヶ崎海岸や大室山などジオ学習のできる自然環境に恵まれている。また、本校近隣には医師であり作家としても活躍した木下杢太郎記念館がある。

◇三重県四日市市立水沢《すいざわ》小学校

①福島孝直　②七（特一）　③一四五　④三重県四日市市水沢町二四九一　⑤〇五九（三二九）八〇〇〇　⑥三重交通水沢地区市民センター前バス停より徒歩一分　⑦ＨＰ㊒・無

相手に伝え、聴き合う授業づくりを目指して
――ＩＣＴの効果的な活用――

本校職員は、ＩＣＴの強みを「視覚化」と「共有化」と考え、算数科を中心に研究推進して二年目となる。一年目は、児童は登校したらタブレット端末の電源を入れる等、常に使用できる環境を整えた。コロナ禍の休校中も、夏季休業中、そして日々の授業においても自然に使用している姿が見られる。

授業では、各児童の考えを教師や児童が把握したり、意見交流の場面において大画面表示し、より活発になるように配慮している。また、児童にとって、より理解しやすい動画教材選別や図形分野の提示教材開発等、工夫を重ねている。さらに職員室では、少ない教員数を逆に強みとし、課題づくりの協議や児童に関わる情報共有が日常化している。

〈近隣の教育・文化施設〉　四日市市西部に位置する水沢地区は、伊勢茶の中の「かぶせ茶」生産全国一位のお茶の町であり、地域のご厚意で児童は茶摘み等を体験させていただいている。

◇石川県小松市立松東《しょうとう》みどり学園《がくえん》

①廣田恵子　②一一（特二）　③一九〇　④石川県小松市江指町丙三六　⑤〇七六一（四一）一〇七〇　⑥ＪＲ小松駅よりバス三〇分　⑦ＨＰ㊒・無

社会とつながり主体的に課題を解決する児童生徒
――教科の学びを深めるＩＣＴ活用――

小松市教育委員会指定「学びの推進モデル校」として、義務教育学校の特色を生かし九年間の系統性をもとに、教科力・情報活用能力の育成を目指す。市内の二校の協力校（小中各一校）と共に同じ研究方針を共通理解し、市内へ実践を発信する。市内の小中学生が使用しているタブレット端末にはＳＫＹ ＭＥＮＵが導入されている。その機能を活用し、総合的な学習の時間においては課題を探求する「プロジェクトタイム」、情報活用能力のスキルを身に付ける「コミュニケーションタイム」の取組、教科においては教科のねらいを達成するための主体的・対話的で深い学びを目指す授業実践を行う。

〈近隣の教育・文化施設〉　小松市にはサイエンスヒルズという科学館があり、３Ｄシアターでは小中学生が天体の学習で利用することが多い。

◇石川県金沢市立夕日寺《ゆうひでら》小学校

①山口久代　②一〇（特二）　③二四八　④石川県金沢市東長江町に一七　⑤〇七六（二五二）四四七一　⑥金沢駅よりJRバス牧線「小二又行き」で約二〇分「夕日寺小学校前」で下車、徒歩一分　⑦HP㊒・無

時代を拓く学びの創造
――ICT教育を通じて学ぶ力を引き出す――

今後、大きく変化が予測される時代背景を受けて、教育も変化が必要になってくる。それが本校の研究テーマ「時代を拓く学びの創造」の趣旨である。

学習指導要領にも掲げられている「社会に開かれた教育課程」の実現に向けて、今後の社会変化に対応し、どのような力を付けさせればよいかを柔軟に考えなければならない。そのためには、ICTの活用は避けて通ることができない。これは、「社会に開かれた教育課程」を実現するための大切な視点である「主体的・対話的で深い学び」のための授業改善に繋がるものである。

〈近隣の教育・文化施設〉　本校の校区には、夕日寺健民自然園があり、豊かな自然に囲まれている。また歴史的な価値のある夕日寺史跡散策コースもあり近年トレッキングに訪れる人も多い。

◇京都府京都市立七条第三《しちじょうだいさん》小学校

①土田圭子　②一九（特二）　③四八六　④京都府京都市下京区西七条西石ヶ坪町五　⑤〇七五（三一三）七三八〇　⑥JR京都線西大路駅よりバス六分徒歩三分、又はJR嵯峨野線丹波口駅より徒歩一〇分　⑦HP㊒・無

主体的・対話的で深い学びの実現
――協働的な学びの成立～ICTの利活用～――

学校教育目標「未来を拓く～めざそう！なりたい自分～」と掲げ、「自分の未来（自立）・社会の未来（共生）を切り拓く力」の育成を目指し、「情報を活用する力」「論理的に考え表現する力」「共に生きる力」を子どもたちに培うことを目指す。生活科・総合的な学習の時間、算数科を中心に、「子どもたちの姿」という事実から検証することを基本にし、授業力向上・学力向上に向け取り組む。

京都市教育委員会が京都大学、NECと連携した「未来型教育京都モデル実証事業」・文部科学省「先端技術・教育データの利活用促進事業」指定校として、協働学習支援システムによる発話可視化システムの利活用を図る。協働的な学びの成立に重点を置く。

〈近隣の教育・文化施設〉　市民の台所としての「京都中央卸売市場」、先端産業拠点としての「京都リサーチパーク」、マンションの急増等、企業・商業地域、住宅地域として栄えている。

◇兵庫県丹波市立青垣《あおがき》小学校

①長井博史　②一六（特四）　③二七九　④兵庫県丹波市青垣町佐治二八二―三　⑤〇七九五（八七）〇〇四三　⑥ＪＲ福知山線石生駅より神姫バス四〇分　青垣小学校前下車　⑦ＨＰ㊒・無

自ら挑戦し続ける子を目指して
――やってみよう！深めよう！つなげよう！――

本校は、平成二十九年四月一日青垣地域の四小学校を統合し、青垣小学校として開校した。開校に合わせて、コミュニティ・スクール青垣として、青垣中学校と共通した学校教育目標に「ふるさと青垣を愛し 自ら学び たくましく生きる児童生徒の育成」を掲げ、小中連携した教育の充実に取り組んでいる。

令和三年度から二年間、丹波市教育委員会の一人一台タブレット端末活用教育研究事業実践推進校として、日常的なＩＣＴ活用と個別最適な学びの充実を目指して研究に取り組んでいる。一年生から、タブレット端末を日常的に活用できる環境を整え、情報技術に関する技能の習得を図り、すぐにでもどの教科でも誰でも活用できるよう推進している。

〔近隣の教育・文化施設〕　校区には、丹波国佐治村で織られていた手紡ぎの絹と木綿を交織にした平織の手織り布で国指定文化財の「丹波布」が伝承され、学習できる丹波布伝承館がある。

◇奈良県生駒市立あすか野《の》小学校

①小野雄史　②三七（特七）　③九六六　④奈良県生駒市あすか野二―五―一　⑤〇七四三（七八）六二〇八　⑥近鉄けいはんな線白庭台駅より徒歩二〇分、又はタクシーで六分　⑦ＨＰ㊒・無

ＩＣＴを活用した主体的な学びの育成
――時空を超えて　オンライン修学旅行――

コロナ禍の修学旅行。六年生の平和学習を深めるための広島行きを見合わせざるを得なくなった。そこで、ＧＩＧＡスクール構想、一人一台タブレットの活用を生かして広島を疑似体験し、多角的な視点で平和を考え、主体的な学びへとつなげたのがオンライン修学旅行である。

端末で平和記念公園をバーチャル散策し、路面電車で町の様子を見たり、原爆ドームや被爆電車の説明を聞いたりした。また、平和を「戦争、原爆の被害」という視点だけでなく、「食」「広島市の小学生」「外国人」からの視点でも考え、プログラム立てを行った。

生駒市の教育プランナー、企業・団体等の支援と協力のもと、児童の考えや思いを反映した実践となった。

〔近隣の教育・文化施設〕　全国一の茶筌《ちゃせん》の産地である高山地区が市内北部に位置している。室町時代中期からの「一子相伝」の製法と地場産業の歴史を伝える「高山竹林園」がある。

◇和歌山県紀の川市立長田《ながた》小学校

①深田昌良　②八（特二）　③九二　④和歌山県紀の川市長田中五三八　⑤〇七三六（七三）三二三九　⑥ＪＲ和歌山線紀伊長田駅より徒歩一五分　⑦ＨＰ㊒・無

どの子も活躍できる、個別最適な学びの創造
――情報機器を活用した、主体的な学びを通して――

本校は、令和三年度より市の「瞳きらめく学校推進事業」の研究指定を受け、ＧＩＧＡスクール構想の下、ＩＣＴ教育の研究実践を進めている。

個別最適な学びを目指し、教職員がＩＣＴ機器を利用して授業改善することと、児童が一人一台端末などのＩＣＴ機器を活用することで児童の学習に対する意識が自発的かつ主体的になることを目指し研究を行っている。

また、コロナ禍におけるオンライン学習を想定し、全家庭のＷｉ－Ｆｉ環境調査やルール作り、ルーターの貸出など、問題を一つ一つ解決しながら、令和三年夏季休業より順次全児童のタブレットの持ち帰りを実現することができた。

令和四年二月に研究発表会を予定している。

〔近隣の教育・文化施設〕　校区に厄除観音で有名な長田観音寺があり、西国第三番札所の粉河寺も近い。また世界で初めて全身麻酔による乳ガン摘出手術に成功した華岡青洲顕彰施設がある。

◇鳥取県東伯郡三朝町立三朝《みささ》小学校

①藤原彰二　②一八（特六）　③二九四　④鳥取県東伯郡三朝町大瀬一一七〇―一　⑤〇八五八（四三）〇〇〇一　⑥ＪＲ山陰本線倉吉駅よりバス二〇分、徒歩三分　⑦ＨＰ㊒・無

児童一人一台端末を活用した授業づくり
――とっとりＩＣＴ活用ハンドブックを基にして――

ＩＣＴを活用したとっとり授業改革推進事業に令和三年度より取り組んでおり、ＩＣＴ活用教育推進地域として鳥取県内四地域が指定を受けている内の一つの地域の小学校である。目指す子ども像を、「文房具としてＩＣＴを使いこなす」、「ＩＣＴ機器をコミュニケーションツールとして利用している」、「情報化社会を主体的に生きこれからの社会に対応する資質・能力が身に付く」とし、授業をはじめとした教育活動の中でタブレットを積極的に活用しようと取り組んでいる。

三年生以上の児童がタブレットを家庭へ持ち帰る実証実験を行い、成果や課題を検証した。また、夏休み課題である自由研究をタブレットで作成させ、大きな成果を得た。

〔近隣の教育・文化施設〕　ラジウム含有量で世界有数の三朝温泉があり、ラジウムを発見したキュリー夫人の偉業を称え、フランス交流が活発である。日本遺産の三徳山投入堂も近隣にある。

◇山口県防府市立華浦《かほ》小学校

①川本尚貴　②二二（特四）　③五三五　④山口県防府市華浦二—二—二　⑤〇八三五（二二）〇一一四　⑥ＪＲ山陽本線防府駅より徒歩一五分、又はタクシーで五分　⑦ＨＰ㊒・無

確かな学力を身に付ける華浦っ子の育成
——読解力の育成・ＩＣＴの活用・地域との連携——

文部科学省委託事業「学力向上のための基盤づくりに関する調査研究」の実践校として、県教育委員会・市教育委員会と連携しながら、学びの基盤となる読解力などの言語能力や情報活用能力を育成するため、全学年において一人一台タブレット端末を用いた指導方法を開発するとともに、コミュニティ・スクールの仕組みを活用して学習を深める体制を導入し、その効果を検証する。

「読解力向上に向けたカリキュラム・マネジメント」「ＩＣＴの活用」「コミュニティ・スクールの仕組みの活用」の三本柱を軸にして取組を進めている。

〈近隣の教育・文化施設〉　日本三大天満宮の一つ防府天満宮や毛利氏庭園、自由律俳句の種田山頭火を顕彰する山頭火ふるさと記念館や科学を楽しく学べる青少年科学館ソラールがある。

◇徳島県上板町立高志《たかし》小学校

①中川斉史　②八（特二）　③一二三　④徳島県板野郡上板町高瀬一一〇八　⑤〇八八（六九四）二八一五　⑥徳島バス二条鴨島線北高瀬バス停より徒歩一〇分　⑦ＨＰ㊒・無

ＧＩＧＡ端末の日常的なＩＣＴ活用について
——平時有事を問わず、学びの連続性に着目して——

本校では、ＧＩＧＡスクール構想による一人一台端末を日常的に活用するために、学習用のツールの標準化や思考ツールを生かした校内研究を進めている。その結果、どの学年の子どもたちでも、同じようにツールを利用するスキルをもち、毎日の学習のために利用できている。そして、どの教員も一人一台環境を生かした授業の在り方について、常に工夫し、形にこだわらない授業研究を気軽に行える雰囲気があり、学び続ける教師集団が実現できている。

また、家庭への持ち帰りも常に行い、学校の学びの続きを行ったり、次の日に学習する内容の予習のために使ったりして、連続した学びが展開できるようにしている。

〈近隣の教育・文化施設〉　上板町は、阿波藍《あわあい》（藍染め）の原料となる「すくも」の生産量が日本一である。また、エシカル消費を重視した一次産業に取り組む農家も増えてきた。

◇佐賀県武雄《たけお》市立武雄小学校

①竹内智道　②一五（特三）　③三三〇　④佐賀県武雄市武雄町大字富岡九一五九　⑤〇九五四（二二）三一七一　⑥JR佐世保線武雄温泉駅より徒歩一〇分　⑦HP㊒・無

一人一台端末を活用した授業改善
――協働的な学び・個別最適な学びの実現――

ＧＩＧＡスクール構想の前倒しを受け、一人一台端末が全国的に整備されることから、これまでの教育実践とＩＣＴのベストミックスを図り、教師・児童生徒の力を最大限に引き出す授業づくりが急務となっている。

キーワードとして「主体的・対話的で深い学び」を掲げ、「何を学ぶのか」だけでなく、「どのように学ぶか」について重視し、授業改善を行っていく。具体的には、「協働的な学び」と「個別最適な学び」の実現に向け、「児童がインプットしたことをアウトプットし、学ぶことを楽しいと実感できる授業」「意欲的に学び続け、自分の得意を伸ばして不得意を補充することができる授業」について考えていく。

〈近隣の教育・文化施設〉　武雄市は、辰野金吾作の楼門がそびえ、県内屈指の武雄温泉がある。風光明媚な御船山や武雄神社の大楠、武雄市図書館が有名である。

◇長崎県佐世保市立中里《なかざと》小学校

①松尾美智子　②二〇（特三）　③五一七　④長崎県佐世保市中里町三五六　⑤〇九五六（四七）二二〇四　⑥MR松浦線本山駅より徒歩六分　⑦HP㊒・無

自分の思いをもって、みんなと共に学ぶ児童の育成
――ICTを利活用した学びを通して――

本校は、「夢をもち、みんなと共に生きる子どもの育成～中里仲良し～」を学校教育目標に掲げ、その具現化に努めている。

令和二年度に一人一台端末が市内全小中学生に配備され、令和三・四年度公募制研究指定事業により長崎県教育委員会、佐世保市教育委員会から研究指定を受け、「ＩＣＴの利活用」の研究に取り組んでいる。一人一台端末を利活用した個別最適な学び、協働的な学びの視点による授業研究や学力向上、家庭との連携の工夫の実践研究に取り組み、児童の情報活用能力育成を図っている。また、授業研究は、Ｇｏｏｇｌｅやデジタル教科書等を利活用し、対話的な学びの活性化を軸としている。

令和四年度に研究発表会開催の予定である。

〈近隣の教育・文化施設〉　佐世保市は、古くは海軍の軍港、戦後は米海軍基地、自衛隊基地が置かれ、国際色豊かな港町である。西海国立公園「九十九島」は、波穏やかで夕日が美しい。

◇熊本県高森町立高森中央《たかもりちゅうおう》小学校

①山村直子　②一三（特三）　③二四一　④熊本県阿蘇郡高森町大字高森一一〇〇　⑤〇九六七（六二）〇〇三八　⑥JR高森駅より徒歩一〇分　⑦HP㊒・無

対話的な深い学びの中で思考・表現する児童の育成
――課題解決型の授業を通して――

平成二十四年度から電子黒板等のICT機器を導入し、平成三十年度からは児童全員がタブレットを活用した授業に取り組んでいる。また、同時期に遠隔・オンライン教育にも取り組んできた。一人一台のタブレットや画像転送システムを活用し、お互いの考えを即座に共有することで、教師と子どもの一対一の授業から双方向型の子ども同士の高め合いが行われる協働的な学びへの転換が可能である。

「個の学び」と「学び合い」をつなぐ学習モデル「たかもり学習」を基盤に深い学びの姿を具体的にイメージした課題解決型の授業の展開により、児童の思考力・表現力の育成に取り組んでいる。

〈近隣の教育・文化施設〉　校区の千本桜公園や湧水トンネル公園、月廻り公園より一望できる阿蘇五岳は雄大である。また、阿蘇郡市には名水百選に選ばれた湧水が多数存在している。

◇大分県別府市立南《みなみ》小学校

①藤田一樹　②一一（特四）　③二三九　④大分県別府市浜脇三―七―一三　⑤〇九七七（二一）〇五五四　⑥JR日豊本線東別府駅より徒歩一五分、又はタクシーで三分　⑦HP㊒・無

学びの伴走者としてのｉＰａｄと教師の最適解とは
――児童・教師の学習の個性化を目指して――

本校では三年前より、上越大学教授西川純氏が考案した『学び合い』を取り入れた授業実践に取り組んできた。研究の積み重ねにより『学び合い』の強みである「個別最適な学び」と「協働的な学び」の側面を残しつつ、「南小プラン」や「授業づくりシート」を通して徐々に本校独自の授業スタイルが確立されつつある。

今年度は昨年度までの研究にタブレット端末活用の要素を加え、すでに実践を重ねてきた。その際特に力を入れたのが、端末の使用が目的化するのではなく、教師とともに子どもたちの学びを支援する「伴走者」としての立ち位置で使用するという点である。この「伴走者」としての教師・端末の在り方を、今年度は研究した。

〈近隣の教育・文化施設〉　内成地区の棚田（日本の棚田百選）、竹瓦温泉（昭和一三年改築、唐破風《からはふ》造りの屋根と砂湯）、別府市公会堂（一九二八年竣工、別府市指定有形文化財）がある。

◇宮崎県小林市立東方《ひがしかた》小学校

①野添和洋　②八（特二）　③九三　④宮崎県小林市東方三二一六　⑤〇九八四（二三）三五一三　⑥JR吉都線小林駅よりタクシーで一〇分　⑦HP㊒・無

確かな学力を身に付けた児童生徒の育成
――ICTを活用した主体的・対話的で深い学び――

　ICTを活用した主体的・対話的で深い学びについて小中合同で研究している。昨年度からは小・中研究班として学校種に合わせた研究を進め始めた。小学校研究班では、NRTテストの分析や情報活用能力の実態調査を行い、本校児童の課題を把握した上で、授業改善を図っている。「主体的・対話的で深い学びの実践ポイント」「高めたい情報活用能力」を明確にした授業デザイン案を作成し、研究授業を一人一実践行うことを基本としている。年一回は小中合同で授業研究会を行う。また、大学の教授を招いての授業研究（遠隔授業の在り方）やICTスキル研修（タブレットPCの操作等）も適宜行い、教職員のICTスキルの向上も図っている。

〔近隣の教育・文化施設〕　小林市は九州山地や霧島山に囲まれた盆地である。湧水を利用し、国内外の百三十種の淡水魚が生息する出の山淡水魚水族館がある。

◇北海道倶知安町立西《にし》小学校

①鹿毛貴之　②一〇（特三）　③一九六　④北海道虻田郡倶知安町南六条西三―一三　⑤〇一三六（二二）二一二五　⑥JR倶知安駅から徒歩一〇分　⑦HP有・(無)

筋道を立てて考え、学び合い、高め合う子ども
――プログラミング的思考を活用した授業づくり――

　本校は、令和元年度から北海道教育委員会プログラミング教育事業の指定を受け、新学習指導要領の新たな教育課題である「プログラミング教育」の充実に向けて研究、実践を進めてきた。独自に作成したプログラミング教育の年間指導計画・情報活用能力標準スキル表を活用しながら、授業実践を蓄積し、カリキュラムマネジメントの観点から、発達段階に合わせた学習形態等の工夫など検証・改善を図ってきた。論理的思考力の醸成を図りながら特に各教科の理解を深めつつ、プログラミングの概念を形成させることで、未来社会へ向けて、生涯にわたり、コンピューターを正しく理解し、活用できる資質・能力を培うことを目指している。

〔近隣の教育・文化施設〕　ニセコ山系にスキー場を有し、外国人観光客、移住者を多く迎える。昭和四十七年スキーの町宣言。町技がスキー。R十二北海道新幹線札幌延伸倶知安駅開通予定。

◇佐賀県有田町立曲川《まがりかわ》小学校

①山口浩史　②一二（特二）　③二七二　④佐賀県西松浦郡有田町黒川一七六一　⑤〇九五五（四六）三〇一六　⑥ＭＲ（松浦鉄道）黒川駅より徒歩一分　⑦ＨＰ㊒・無

よりよい道筋で問題解決を目指す児童の育成
――プログラミング的思考を育む児童の育成――

二〇二一年度から、佐賀県の「小学校プログラミング教育」の研究指定を受け研究実践に取り組んでいる。具体的には、プログラミング教育の年間計画モデルの作成及びプログラミング的思考を育むための効果的な授業実践について研究を進め、成果と課題を検証する。年間計画については、プログラミング教育を実施する場面を、教育課程全体を見渡しながら適切に位置付け、必要に応じて外部の支援も得つつ実施していく。

授業実践では、「自分が意図する一連の活動を実現するために論理的に考える」というプログラミング的思考を育むための方法及び教材、さらには教科等のねらいとの関連性を検証しながら授業実践を行う。

〔近隣の教育・文化施設〕　有田町は古くから焼き物の町として有名で、棚田が広がる稲作地でもあり県下有数の畜産地でもある。伝統と歴史、食の魅力あふれる地域である。

◇鹿児島県曽於市立大隅北《おおすみきた》小学校

①宇都佐和子　②五（特一）　③三二　④鹿児島県曽於市大隅町中之内三七〇一―一　⑤〇九九（四八三）一八一一　⑥日豊本線財部駅より車で二五分、または鹿児島交通バス・鹿児島空港〜志布志線二重堀バス停より徒歩九分　⑦ＨＰ㊒・無

自ら学ぶ力を身に付ける子どもの育成
――情報活用能力を高める授業デザイン――

平成二十九年度〜令和元年度まで曽於市のプログラミング教育研究指定校、令和二年度からは県のプログラミング教育研究協力校として指定を受けている。本校では、学習指導要領で示されている三つの資質・能力を育む中で、本校児童の課題である「読解力」と「情報活用能力」の育成に重点化し、研究を進めている。特にプログラミング教育は論理的な思考を育むことから、マイクロビットやスクラッチ等を活用した学習を指導計画に位置付け、実践を通し検証している。今年度はプログラミングの良さを子どもたちの生活の中で生かせるように、具体的な場面を通して課題設定や解決に結び付けられるような授業デザインの構築を目指して研究を進めた。

〔近隣の教育・文化施設〕　曽於市の「末吉歴史民俗資料館」「財部郷土館」「大隅郷土館」には、三つの町（末吉・財部・大隅）の特色を表す考古・歴史・民俗資料が多数展示されている。

◇和歌山県和歌山市立有功《いさお》小学校

①道本美月　②一五（特三）　③三四六　④和歌山県和歌山市園部一四五三　⑤〇七三（四六二）〇一二四　⑥JR阪和線六十谷駅より徒歩一五分　⑦HP㊒・無

食に関心をもち、健康について考えられる子の育成
――言語活動の充実による目標実現を目指して――

本校は、平成十五年度より和歌山市教育委員会の指定を受け、「食と健康」についての研究実践を進めてきた。食育を推進するにあたっては、教育活動全体で、栄養・食材・健康などについて調べたり、話を聞いたりする知識を中心とした学びと、栽培活動や調理など、可能な限りの体験活動を取り入れ学びを進めてきた。子どもたちは、生産者や調理してくれる人たちの願いを学びながら、「食」に関心をもって、主体的に学習に取り組んでいる。

今後も、子どもたちが学んだ一つ一つの知識がつながり、「わかった、おもしろい」と思える授業、周りの人たちと共に考え、新しい発見や豊かな発想が生まれる授業などを工夫していきたいと考える。

〈近隣の教育・文化施設〉　車駕之古址古墳《しやかのこしこふん》は、和歌県内で最大の前方後円墳である。出土品の金製の勾玉は国内でも唯一の出土例である。現在は、古墳公園として現地に保存されている。

◇長野県安曇野市立豊科《とよしな》南《みなみ》小学校

①會田義昭　②二九（特六）　③六八一　④長野県安曇野市豊科二七二三　⑤〇二六三（七二）二一五四　⑥JR大糸線南豊科駅より徒歩一〇分　⑦HP㊒・無

足下から環境問題を考える子どもを育てる
――堰の美化活動から発信するSDGs――

本校は平成五年に学校の近くを流れる農業用水「拾ケ堰《じっかせぎ》」の水を利用して学校ビオトープを作り、水生昆虫や川魚の観察等の活動をしてきている。二十一年前、毎日のようにビオトープにポリ袋や野菜くずが流れ込み、生きものが住めない環境になってしまうことに課題意識をもった児童が始めた「拾ケ堰クリーン大作戦」と名付けた堰の清掃活動は、保護者や地域住民の参加も加え、市の行政の協力も得ながら、全校児童で毎年行う活動になっている。他にもアルミ缶回収活動や花壇整備など学年に応じた美化活動に励んでいる。こうした活動により高学年の総合では、SDGsの目標の一つ「海の豊かさを守ろう」を選んで多くの児童が追究している。

〈近隣の教育・文化施設〉　安曇野市には世界かんがい施設遺産に登録された「拾ケ堰」、近代彫刻の父と言われる荻原碌山の美術館や、小説「安曇野」を著した臼井吉見の文学館がある。

◇徳島県徳島市加茂名《かもな》南《みなみ》小学校

①奥村兆男　②二四（特六）　③五八九　④徳島県徳島市鮎喰町二―一一―八八　⑤〇八八（六三三）一六一一　⑥徳島市バス上鮎喰回転場下車、徒歩五分　⑦ＨＰ㊒・無

加茂名南再発見！
――「つながる学び」で育む未来を拓く子ども――

本校は平成元年の創立で、学校教育目標を「知・徳・体の調和的発達を図り、生きる力をはぐくむ教育の実現」とし、子どもたちの笑顔あふれる学校とするため、日々の教育実践に真摯に取り組んでいる。

令和二年度から生活科と総合的な学習の徳島県小学校教育研究大会の会場校として研究を進めている。本校には「ビオトープ」があり、生活科や理科の学習を中心に、生物の観察や自然体験活動が行われている。また、本校区には袋井用水が流れ、五年の環境教育の地域課題として「袋井用水の水質改善」を取り上げ、用水の水を採取し、水質検査を通して、袋井用水を校区の宝として自分たちの手で大切に守っていこうとする意識の醸成につなげている。

〈近隣の教育・文化施設〉　本校区には、南に眉山、西に鮎喰川が流れ、北には袋井用水水源地、東には県立高校がある。また、徒歩圏内には、警察署、消防署、公立病院等の公共施設がある。

◇鹿児島県枕崎市立枕崎《まくらざき》小学校

①平川貴之　②一六（特四）　③三八一　④鹿児島県枕崎市千代田町一二四　⑤〇九九三（七二）九八八一　⑥ＪＲ指宿枕崎線の枕崎駅から徒歩三分　⑦ＨＰ㊒・無

環境づくりに主体的に考え行動する児童の育成
――ＳＤＧｓの実現を志向した授業・環境づくり――

令和三・四年県研究協力校「環境教育」の委嘱を受けた。二十五年前の同様の指定研究に、持続可能な社会づくりという内容を新たに加え、家庭や地域の協力を得ながら研究に取り組んでいる。

「つなげる（関係機関との連携）」、「使う（環境素材の活用）」、「整える（指導計画等の改善）」を視点とした指導計画の見直しや環境整備に努め、水産高校と連携した海洋教育や環境問題等に焦点を当てたジグソー法を取り入れた授業改善を進めてきた。

〈近隣の教育・文化施設〉　焼酎や鰹節の歴史や製造過程を学べる施設、現代美術の全国コンクールゆかりの立体作品を街中に設置した「青空美術館」や枕崎市文化資料センター南溟館がある。

◇沖縄県恩納村立安富祖《あふそ》小学校

①渡慶次安弘　②六（特二）　③八一　④沖縄県国頭郡恩納村字安富祖一八六八―一　⑤〇九八（九六七）八九二三　⑥沖縄那覇バスターミナルよりバス名護西線一四〇分・安富祖小学校前、徒歩一分　⑦ＨＰ㊒・無

サンゴと共に生きる
――熱田の浜にウミガメを――

本村は「サンゴの村宣言」を内外に発信し世界一サンゴにやさしい村を掲げている。本校のすぐ裏には美しい熱田（あった）海岸が拡がり、沖のリーフには多くの造礁サンゴを見ることができる。本校は今年度より海洋教育パイオニアスクールとして活動を始めている。「ＯＩＳＴとのオンライン学習会」「浜下り（生き物観察会）」「カヌーでのサンゴ観察会」「海岸クリーンデー」「ドローンによる海岸の定点観察」等を行いながら、熱田海岸の学習を進めている。

また、サンゴの白化、マイクロプラスチックやゴミの海洋投棄による海岸漂着もあり、今後美しい熱田海岸を守る活動を本校なりにどう継続できるか模索していきたい。

〈近隣の教育・文化施設〉　恩納村は、南北に二十七キロ、東西に四・二キロと細長く、オーシャンビューの海岸線が続く観光地である。琉歌の歌人「うんなナビー」生誕の場所でもある。

◇佐賀県白石町立六角《ろっかく》小学校

①日髙祐子　②九（特三）　③一〇〇　④佐賀県杵島郡白石町大字東郷二二三一　⑤〇九五二（八四）二〇〇九　⑥ＪＲ長崎本線肥前白石駅より徒歩五分　⑦ＨＰ㊒・無

主体的に学び、考え、行動する児童の育成
――自ら学び、自ら考える歯・口の健康づくり――

日本学校歯科医会から令和三・四年度「生きる力をはぐくむ歯・口の健康づくり推進事業」推進学校の委嘱を受けている。学校歯科医や在宅歯科衛生士、関係機関と連携を図り、望ましい生活習慣の形成につながる歯・口の健康づくりについて研究を進めている。

児童が自らの歯・口の健康づくりに関する課題に気付き、歯・口の健康を守るために必要なことを考え、実践することができるように、児童が主体的に学ぶ学習活動を設定している。校内環境整備では、安全な環境づくりや児童の意識と知識の向上に取り組んでいる。

自ら学び、自ら考え、自律的に課題解決に取り組む歯・口の健康づくりを通し、主体的に学び、考え、行動する児童の育成を図る。

〈近隣の教育・文化施設〉　白石町は、令和元年に「スポーツ・健康増進のまち」宣言をしている。令和三年八月にプロサッカークラブのサガン鳥栖と協働宣言を交わし、連携協定を締結した。

◇神奈川県逗子市立沼間《ぬまま》小学校

①小島恵美子　②二二（特四）　③五三一　④神奈川県逗子市沼間一―七―一八　⑤〇四六（八七三）二〇五二　⑥ＪＲ横須賀線東逗子駅より徒歩三分　⑦ＨＰ㊒・無

地域と連携して取り組む福祉教育
――ふだんの くらしの しあわせ――

逗子市立小中学校では逗子市社会福祉協議会の「福祉教育チーム」と連携し、福祉学習を行っている。本校でも、各学年の発達段階に応じた授業に取り組んでいる。特に、四年生では総合的な学習の時間を中心に「福祉について考えよう」を展開している。一昨年度には、児童の発案で「誰でも楽しめる運動会をしよう」と様々な種目を考え、保護者・地域の方々・保育園児を招いて「沼リンピック」を開催した。コロナ禍で「沼リンピック」は昨年度、今年度と実施できていないが、福祉学習については可能な範囲で地域講師からお話を伺い、児童はどうしたら逗子の街で「ふだんの くらしの しあわせ」を実現させられるのか真剣に考えている。

〈近隣の教育・文化施設〉　校区内には、神武寺など県重要文化財に指定されている寺社が複数ある。源義朝が勧請したという五霊神社の境内にある大銀杏は、県天然記念物に指定されている。

◇愛媛県伊方町立伊方《いかた》小学校

①竹上正也　②八（特二）　③一四五　④愛媛県西宇和郡伊方町湊浦九九三　⑤〇八九四（三八）〇七〇四　⑥ＪＲ四国八幡浜駅よりバス三〇分徒歩二分　又は八幡浜駅よりタクシー一五分　⑦ＨＰ㊒・無

心豊かに、よりよく生きようとする児童の育成
――対話を通して学び合う道徳の授業――

学校教育活動全体を通じて、人的・物的資源を有効に活用し、道徳的な視点を明確にした取組を推進すれば、児童の道徳的実践意欲や態度を高めることができるであろうという仮説の下、研究を進める。地域学校協働本部の協力を得て、老人会との花植え活動やゲストティーチャーを招いての授業を行うなど、地域の人材を活用した取組を進める。

特別養護老人ホームつわぶき荘との交流活動を定期的に行い、福祉教育の推進に努める。新型コロナウイルス感染症予防対策のため、リモートによる交流にも力を入れる。児童が学習内容を発表したり、互いに質問し合ったり、感想を伝え合ったりすることで自己有用感を育み、共に生きる力の育成を図る。

〈近隣の教育・文化施設〉　佐田岬半島の歴史や文化を展示した町見郷土館がある。真珠湾攻撃で戦死したとされる九名の「九軍神」の慰霊碑や豊予要塞など戦争と平和を考える施設がある。

◇青森県青森市立筒井《つつい》南《みなみ》小学校

①相馬克典　②一四（特二）　③三五〇　④青森県青森市筒井字八ッ橋四六―一　⑤〇一七（七三八）九二九二　⑥ＪＲ筒井駅より徒歩一三分、又は筒井駅よりタクシー五分　⑦ＨＰ㊒・無

心を耕す　教育活動
――読書活動を通して――

本校は、以前から読書活動が盛んに行われており、平成二十七年には、『子どもの読書推進　文部科学大臣賞』を受賞している。

児童が日常的に利用しやすい学校図書館の整備に加え、朝の読書タイム、図書ボランティアによる毎週木曜日の読み聞かせや大型紙芝居を用いたお話会、長期休業中の親子読書などを積極的に実施している。また、市民図書館との連携により移動図書館号に来ていただき、公共の図書館をなかなか利用できない児童にも図書とふれあう機会を設定している。

『読書は、心の栄養』と言われるように、本校では心の耕しが、全ての教育活動を円滑に行う根源であるととらえ、今後も継続して読書活動に力を入れていきたいと考えている。

〈近隣の教育・文化施設〉　令和三年　北海道・北東北の縄文遺跡群として世界遺産登録された「特別史跡　三内丸山遺跡」、「史跡　小牧野遺跡」がある。また「ねぶたの家　ワ・ラッセ」等がある。

◇滋賀県湖南市立石部《いしべ》小学校

①谷口浩美　②一九（特六）　③三九〇　④滋賀県湖南市石部中央二―三―一　⑤〇七四八（七七）二〇三〇　⑥ＪＲ草津線石部駅より徒歩二五分、またはタクシーで五分　⑦ＨＰ㊒・無

主体的・対話的で深い学びにつながる学校図書館
――学校図書館支援センター事業を活用して――

本校のある湖南市が、平成十八年から「学校図書館支援センター事業」を通して、学校司書の配置と図書流通システムの整備を推進してきたことにより、現在も本校では「学校図書館とその機能」を活用した授業に、全ての教員が取り組んでいる。とりわけ、授業者が学校司書と授業相談会をもつ等の連携を図ることで、学校司書は、学習のねらいに沿った図書の選定や授業でのレファレンス等と児童の学びに大きな力を発揮している。

また、「行きたくなる学校図書館」を目指し、「読書センター」「学習・情報センター」としての機能を発揮できる取組を進めている。特に、学習成果物の発信は児童の励みやあこがれとなり、貴重な資料となっている。

〈近隣の教育・文化施設〉　湖南市には国宝湖南三山（善水寺・長寿寺・常楽寺）、東海道五十三次の石部宿がある。また、障害者福祉の父糸賀一雄氏の理念を受け継いだ福祉施設が点在する。

◇島根県雲南市立掛合《かけや》小学校

①原　元宏　②八（特二）　③八八　④島根県雲南市掛合町掛合二二三七―一　⑤〇八五四（六二）九八〇〇　⑥JR木次線木次駅より雲南市民バス吉田方面行き佐中停留所下車徒歩五分　⑦HP㊒・無

自ら考え、ともに学び合う子どもの育成
――情報を活用し思いや考えを伝え合う授業創り――

本校は学校教育目標に「豊かな人間性とたくましい実践力をもつかけやっ子の育成」を掲げ、子ども同士の主体的な関わり合いを大切にしながら、情報化社会を含めた新しい時代をたくましく生き抜く力をもつ子どもの育成に取り組んでいる。

今年度、学校図書館活用教育研究事業の指定を受け、二年間取り組んできた国語科の研究を更に深化させるべく、情報活用を中心とした研究を進めた。児童がそれぞれの感性も生かしながら、必要な情報をまずしっかりととらえ、「かけや聞き方名人・話し方名人」を意識しながら情報や意見を交換し、それを伝え合うことでお互いを高め合う授業の創造を目指し、日々取り組んでいる。

〈近隣の教育・文化施設〉　町内には日本の滝百選に選定された名瀑「八重滝」「龍頭が滝」がある。近くには、竹下登元総理大臣の記念館、鑪製鉄《たたらせいてつ》の歴史を伝える「鉄の歴史博物館」がある。

◇福岡県柳川市立柳河《やながわ》小学校

①本田　透　②一〇（特二）　③二〇五　④福岡県柳川市恵美須町二八　⑤〇九四四（七三）〇一七五　⑥西日本鉄道大牟田線柳川駅より徒歩一五分、又はバスで一〇分　⑦HP㊒・無

子どもが主体的に読書に取り組む図書館教育の創造
――子どもの学びを支える図書館環境作りの工夫――

本校は明治五年に開校、令和四年に創立百五十年を迎える。五年前に学校運営協議会を立ち上げ、その中の学校支援活動の柱として「地域人材を活用した読書活動」を推進してきた。地域と連携して読み聞かせや家読（うちどく）を行う読書活動や図書室前に森をイメージした「図書室の森」を設置し、読書環境整備に取り組んでいる。また、ICT利活用の観点から図書室ではタブレットを使ってのインターネット検索、学習課題に応じた情報検索や情報収集への支援などを通して学習情報・学習支援センターとしての図書館機能を向上させている。これらの取組が評価され、令和三年度には全九州学校図書館コンクールで最優秀賞の文部科学大臣賞を受賞した。

〈近隣の教育・文化施設〉　柳川市は福岡県南部・有明海に面した街である。旧柳河藩別邸の御花、童謡詩人・北原白秋の記念館、堀割を流れる川下りなど歴史・文化資産に恵まれている。

◇鹿児島県伊佐市立山野《やまの》小学校

①白川　満　②六（特二）　③四三　④鹿児島県伊佐市大口山野四三三四　⑤〇九九五（二二）〇四二〇　⑥JR肥薩線横川駅下車。南国交通バス「水俣駅前」行きに乗り、西山野バス停下車、徒歩五分　⑦HP㊒・無

子どもの読書習慣の育成を図る読書指導の充実
――豊かな心情と確かな学力を育む読書活動――

子どもたちが成長していく過程において様々な事象に触れ、見聞を広め、深めていくことはとても重要である。特に読書を通して習得していく学びは意義深い。本校では読書活動を子ども自ら行う主体的活動の一つととらえ、その習慣化を図るための指導の在り方を研究している。また読書俳句、読書作文等の活動を通して多様な見方、考え方ができる子どもの育成を図っている。その他、読書環境の在り方も工夫している。

本校は少人数であるが故に、「深い学び合い」といったことが、課題となっている。読書活動の習慣化は、課題解決の糸口になると期待し現在研究している。

〈近隣の教育・文化施設〉　奥十曽渓谷に、国の巨樹・巨木百選・樹高日本一の「エドヒガン桜」がある。高さ二十八メートル、樹齢六百年を超える老木の桜の花は神秘的である。

◇千葉県栄町立布鎌《ふかま》小学校

①寺内　勝也　②八（特二）　③八〇　④千葉県印旛郡栄町請方一五七一―一　⑤〇四七六（九五）〇一三八　⑥JR成田線小林駅よりタクシーで一〇分　⑦HP㊒・無

危険を予測し意思決定ができる児童の育成
――布鎌小防災カリキュラムの作成――

本校は明治六年に開校し、令和三年度で百四十八周年を迎える旧布鎌村の全てを学区とした学校である。

地理的には利根川を中心とした三つの川に囲まれた輪中地域であり、水に恵まれ、水に悩まされた歴史をもつ地域である。

令和元年・二年度に印旛地区教育委員会連絡協議会から「防災教育」の指定を受け、「布鎌小防災カリキュラム」を作成し、①児童が身を守るための意思決定ができる。②保護者や地域の防災意識を高める。③どの学校でもでき、資料を活用することができる。ことを目指し、現在も研究に取り組んでいる。授業に使用した水害・水害対応に関わる資料は「国土交通省利根川下流河川事務所」から、情報提供を受けて作成した。

〈近隣の教育・文化施設〉　房総のむら・風土記の丘資料館がある。江戸時代後期から明治時代の民家や街並みの再現、「旧学習院初等科正堂」など歴史的建造物も保存されている。

◇東京都東久留米市立第九《だいきゅう》小学校

①大友基裕　②一九　③五三一　④東京都東久留米市滝山三―二―三〇　⑤〇四二（四七一）七五四八　⑥西武新宿線花小金井駅北口より西武バスにて滝山団地入口バス停下車徒歩四分　西武池袋線東久留米駅西口より西武バスにて滝山団地入口下車徒歩四分　⑦ＨＰ㊒・無

カリキュラム・マネジメントを生かした生活安全教育
――横断的で系統的な指導計画の作成を通して――

本校は、令和三・四年の二年間、東京都教育委員会から「安全教育推進校」に指定されており、今年度は指定の一年目であり、生活安全を軸に交通安全、防災安全にも力を入れて安全教育を推進している。特に、ＳＮＳ等インターネットの利用に関することや道路の安全な利活用に関することは喫緊の課題であり、都の安全教育プログラムの実践事例を基にした授業改善やシミュレータ等体験的活動の充実等を意図的、計画的に進めている。防災教育は教科と関連付けた学習を推進している。

令和四年度は、体験的な活動を中心としたこれまでの学習を生かし、教科横断的で実践的な指導計画を完成させるとともに、九小のレガシーとして活動を定着させる。

〔近隣の教育・文化施設〕　豊かな水環境に恵まれており、環境省の「平成の名水百選」に選定された「落合川と南沢湧水群」や江戸時代から伝わる柳久保小麦によるうどん作りが有名である。

◇大阪府吹田市立千里丘北《せんりおかきた》小学校

①小林大介　②三一（特七）　③七九三　④大阪府吹田市千里丘北一―三〇　⑤〇六（六八七六）〇一〇三　⑥ＪＲ千里丘駅から徒歩一八分　大阪モノレール宇野辺駅から徒歩二〇分　⑦ＨＰ㊒・無

わたしが救命リレーの第一走者
――子どもたちが学ぶ救命教育の取組――

本校では所属中学校ブロックにおいて「ＬＩＦＥ ＳＡＶＩＮＧ ＰＲＯＪＥＣＴ 二〇一八」をテーマに、市の「スクールプロジェクト」の支援も得ながら救命教育の推進に取り組んだ。この取組はその後、「体育活動時等における事故対応テキスト～ＡＳＵＫＡ モデル～」の作成に携わったさいたま市教育長（当時）の桐淵《きりぶち》博《ひろし》さん、最愛の娘、明日香さんを突然死で亡くされた桐田《きりた》寿子《ひさこ》さんとの出会い、五年生対象の救命教育授業、そして日本ＡＥＤ財団の「ＡＥＤフォーラム」実施へと発展していった。誰かが倒れた時、自分が救命リレーの第一走者であることを自覚し、行動できる児童の育成を目指し、五年生の救命教育授業を毎年実施している。

〔近隣の教育・文化施設〕　一九七〇年開催の大阪万博跡地は万博記念公園として市民の憩いの場となっており、公園内の国立民族学博物館は文化人類学・民族学の研究拠点となっている。

◇徳島県阿南市立津乃峰《つのみね》小学校

①外山真寿美　②一二（特二）　③一五　④徳島県阿南市津乃峰町戎山一二九―三七　⑤〇八八四（二七）〇二二七　⑥ＪＲ牟岐線阿波橋駅より徒歩一〇分、又はタクシーで五分　⑦ＨＰ㊒・無

持続可能な、日常としての防災教育
――地域と共に、命を守るために――

本校は、リアス式海岸の橘湾に面し答島港を校区にもつ。東日本大震災の時は、地域住民が校舎に大勢避難し一夜を過ごした経験もある。南海トラフ巨大地震の津波被害想定では、二十分以内に五、八メートルの津波が来ると予測されている。そこで、地域に目を向け、人とのつながりをつくることにより、自分の命を守ることができる人材として児童を育てることを目的に防災教育を進めている。避難訓練はもとより、地域の自主防災会や企業、各種団体と連携した「防災フェスタ」、避難場所を巡る「ウォークラリー」、毎年高学年が作成する「安全防災マップ」や「防災パンフレット」の配付などを通して、地域と一体感をもった防災教育を行っている。

〈近隣の教育・文化施設〉　校区に津乃峰山、市内に四国八十八か所の第二十一番札所太龍寺、第二十二番札所平等寺がある。また、南部健康運動公園陸上競技場がある。

◇福岡県朝倉市立杷木《はき》小学校

①畑　公政　②九（特三）　③二〇七　④福岡県朝倉市杷木寒水一七五　⑤〇九四六（六二）〇一〇七　⑥ＪＲ九州久大線筑後大石駅より徒歩三〇分、又はタクシーで六分　⑦ＨＰ有・無

「気付き考え行動する」実践的防災力を高める教育
――Ｈ・Ａ・Ｋ・Ｉの視点による学習過程の工夫――

本校は、平成三十年に近接する四小学校が統合した新設校である。旧小閉校の年、平成二十九年七月の九州北部豪雨によって甚大な被害を受けた校区は、今も復興・復旧の半ばにある。

統合前より協働してキャリア教育に力を入れ「ふるさとを愛し、夢や希望を持って挑戦し、やり抜く子どもの育成」を目指してきたが、被災経験から立ち上がるために、子どもたちの自ら学ぶ意欲と確かな学力を高めること、自らの命を守る力を育むことに特化した防災教育を進めてきた。

令和三年度からは、防災情報の収集・整理、学習事項の地域家庭への発信、及びグループにおける話し合い活動での思考ツールとして、ＩＣＴ機器を活用した授業改善を行っている。

〈近隣の教育・文化施設〉　朝倉市は筑後川の中流域に位置する歴史とフルーツの里である。アフガニスタンの復興・灌漑施設のモデルとされた山田堰は、小学校から車で十分のところにある。

◇千葉県野田市立岩木《いわき》小学校

①縄田浩子　②二七（特五）　③七四三　④千葉県野田市岩名二―一二―一　⑤〇四（七一二九）五九八九　⑥東武野田線川間駅より徒歩一〇分　⑦ＨＰ㊒・無

目的に応じて書くことができる児童の育成
――国語科における情報の扱い方に関連付けて――

本校では、「岩木に学ぶほこりと楽しさ」という校風を引き継ぎ、「力を出し合って学び合える児童の育成」を目指している。

令和三年度、千葉県教育委員会より「ちばっ子の学びの変革推進事業」の指定を受け、「全国学力・学習状況調査」の結果を活用した授業改善を通して、学力向上に向けた継続的な検証改善の取組を進めている。本校の課題は、目的に応じて簡潔に書いたり、詳しく書いたりすることである。国語科の「情報の扱い方に関する事項」に着目し、目的に応じて書いて表現する楽しさを実感することのできる場を工夫するとともに、千葉県の「『思考し、表現する力』を高める実践モデルプログラム」を軸とした授業改善を図る。

〈近隣の教育・文化施設〉　醤油の街として発展した街並みや「御用蔵」「もの知りしょうゆ館」がある。豊かな自然環境のシンボルとしてコウノトリを「こうのとりの里」で飼育している。

◇広島県福山市立樹徳《じゅとく》小学校

①田村真澄　②一九（特三）　③四九八　④広島県福山市木之庄町一―一―六三　⑤〇八四（九三二）〇〇二四　⑥ＪＲ西日本福山駅より徒歩一二分　⑦ＨＰ㊒・無

自ら学び続ける樹徳っ子の育成
――協働的な課題解決学習を通して――

国語の学習において、常に協働で課題を解決していく授業を創造することで、自ら楽しく学び続ける児童を育成する。そのために、常に協働的な課題解決学習を実践し、それを検証していく。まず、児童自らに課題を発見させ、それに対しての自らの考えをもたせ学習に向かわせる。そして、友達同士で話し合ったりノートに考えを書いたりしながら学習を深めていく。そして、最後の学習の振り返りで、次の学習課題の発見につなげていく。この学習の流れの中で、本校の特色であるペア学習やグループ学習、そして学習リーダー中心の学習をどのように取り入れ実践すると児童が楽しく学び続けるかを検証していく。

〈近隣の教育・文化施設〉　福山市は、広島県の東南端に位置した五月と十月にはバラが咲き誇るばらのまちであり、琴や下駄、備後絣《びんごがすり》などのもの作りがさかんなまちである。

◇岩手県宮古市立田老第一《たろうだいいち》小学校

①千葉康祐　②九（特三）　③一〇二　④岩手県宮古市田老字館が森一五五―二　⑤〇一九三（八七）二五二一　⑥三陸鉄道リアス線新田老駅より徒歩一分　⑦ＨＰ有・無

主体的に学び、考えを深める児童の育成
――自立的・協働的な学習を通して（算数科）――

本校は平成二十二年度から算数科指導の在り方を校内研究のテーマに掲げ、指導法の改善に努めてきた。平成三十年度からは研究テーマを「主体的に学び、考えを深める児童」とし、「自立的な学習」と「協働的な学習」を一単位時間の中に位置付けることを切り口に、「課題を自分事としてとらえ、根気強く学びを進めながら、これまでの学習や日常生活等との関連性を含めて理解する児童」の育成に取り組んでいる。

担任の校内研究参画意識と授業改善への当事者意識の高揚を図るために、校内研究テーマと担任一人一人の自己課題とをリンクさせた「自己課題解決シート」を作成し、それに沿った取組を進めることで、研究実践の日常化を推進している。

〈近隣の教育・文化施設〉　三・一一東日本震災津波で甚大な被害を受けた田老地区を学区にもつ。震災遺構「たろう観光ホテル」や防浪堤の他、ジオポイントの三王岩などがある。

◇山形県酒田市立南平田《みなみひらた》小学校

①松本茂章　②一〇（特二）　③二〇八　④山形県酒田市飛鳥字腰巻九九　⑤〇二三四（五二）二〇〇九　⑥ＪＲ羽越本線砂越駅より徒歩二七分、又はタクシーで五分　⑦ＨＰ有・無

ともに考え、いきいきと学びを創る子どもの育成
――問いをもつ指導の工夫――

本校は、東部中学校に進学する松山小学校・田沢小学校とともに小中一貫教育に取り組んでいる。学校教育目標や校内研究テーマを統一し、各校の研究会への参加や全職員が集まっての研修会などを行っている。

令和二・三年度、酒田市教育委員会単元研究の委嘱を受け、研究教科を算数科とし、「学び合いの充実」「単元づくりの工夫」を視点として授業改善に取り組んでいる。単元を通して付けたい力を明確にするとともに、単元を貫くテーマのもと、子どもの思考に沿って学びが展開するよう工夫している。研究を支えるための土台として「学習習慣」「目的意識」「自尊感情」をキーワードに、家庭や地域と連携しながら実践を重ねている。

〈近隣の教育・文化施設〉　北前船の拠点として栄えた市内には、明治二十六年より使用されている米の保管庫「山居倉庫」がある。また、日本初の写真美術館である「土門拳記念館」がある。

◇茨城県龍ケ崎市立八原《やはら》小学校

①四位　悟　②二九（特六）　③七五七　④茨城県龍ケ崎市藤ケ丘一―二二―四　⑤〇二九七（六二）〇五三三　⑥ＪＲ常磐線龍ケ崎市駅よりバス一七分、又はタクシーで一四分　⑦ＨＰ㊒・無

深い学びの実現に向けた算数科学習指導の在り方
――数学的に表現し伝え合う活動を通して――

本校は令和三・四年度、本県の学力向上推進プロジェクト事業の重点校として「主体的・対話的で深い学びの実現に向けた算数科学習指導の在り方」を主題に実践研究を進めている。

本校児童は「根拠をもとに順序立てて説明することや、図や式と言葉を関連付けて記述すること」に課題があり、主体的・対話的で深い学びが実現できない児童が多いという実態がある。主題に迫る手だてとして、課題提示の工夫と伝え合う場面において自分の考えを整理し創り上げていく活動の重視、そして視点を明確にした振り返りの充実にスポットを当て授業改善に取り組んでいる。ノート記述や発言の変容等を分析し深い学びにつながる授業の展開を究明している。

〈近隣の教育・文化施設〉　国の重要文化財である来迎院多宝塔や国選択・県指定無形民俗文化財の「撞舞《つくまい》」などのお祭りがある。学校近くに市民の憩いの場「たつのこやま」がある。

◇埼玉県三郷市立彦成《ひこなり》小学校

①佐藤孝祐　②一八（特二）　③四八九　④埼玉県三郷市彦倉一―一三三　⑤〇四八（九五二）一二六五　⑥つくばエクスプレス三郷中央駅より埼玉観光バス「ピアラシティみさと」行きで一五分彦野排水機場下車、徒歩一分　⑦ＨＰ㊒・無

気力あふれる児童の育成
――できた、分かったを味わえる授業を通して――

本校は、令和二・三年度、埼玉県教育委員会より学力向上研究指定校事業の委嘱を受け、算数科を中心に研究を進めてきた。「埼玉県学力・学習状況調査」の結果から、非認知能力の低い児童が多いことが分かった。非認知能力を高めるためには学級経営力の向上が必要であると考えた。まずＱ－Ｕテストを行い、各学級の実態を把握した。次に、「学級経営虎の巻」を作成し、実態をもとにどのような学級にするかを考えられるようにした。そして、各学級が目指す姿を「学級の心得」にまとめ、振り返りができるようにした。

「彦小タイム」を設け、週四回、毎朝二十分間、計算練習や応用問題に取り組み、算数漬けにすることで最後まで諦めない心を育てた。

〈近隣の教育・文化施設〉　本校の学区には、関東三大虚空蔵尊である彦倉虚空蔵尊がある。また、校内には大正十五年に建設された講堂が現存し、郷土資料館として一般に公開されている。

◇京都府城陽市立富野《との》小学校

①柴田　敬　②二四（七）　③五一九　④京都府城陽市富野堀口一　⑤〇七七四（五二）〇〇〇九　⑥JR奈良線長池駅より徒歩七分　近畿日本鉄道京都線富野荘駅より徒歩一五分　⑦HP㊒・無

自他の存在を大切にし、学びに向かう児童の育成
——自問自答しながら学びをつなげる授業の創造——

「主体的・対話的で深い学び」をどう実現するか、算数科の研究を通して、その成果を全ての教科・領域に広げていくことを目指している。特に、「学びをつなげる」ことに焦点化し、自ら「問い」を見付け、仲間との学びの中で解決し、また新たな「問い」へとつなげていく。そのために、児童相互がつながって学びに向かうこと、「問い」を通じて学びがつながっていくことを目指して、授業を仕掛ける研究を推進している。

また、こうしたつながりには子どもが安心できる居場所が必要で、その実現のために重点研究の方針を特別活動部と生徒支援部（生徒指導と特別支援の機能を併せもつ分掌）が下支えするよう組織再編して研究を推進している。

〈近隣の教育・文化施設〉　城陽市に多く点在する古墳について展示・解説している歴史資料館、図書館、プラネタリウム、大・小二つのホール等を備える文化施設、文化パルク城陽がある。

◇長崎県松浦市立御厨《みくりや》小学校

①西浦京子　②一二（特四）　③二〇三　④長崎県松浦市御厨長前田免一〇　⑤〇九五六（七五）〇二三二　⑥MR松浦線御厨駅より徒歩一〇分　またはタクシー五分　⑦HP有・㊍

主体的・対話的で深い学びの実現に向けた授業づくり
——読解力の育成と書く活動の充実を目指して——

算数科における見方・考え方を働かせるなど「主体的・対話的で深い学び」の実現に向けた授業づくりの在り方について研究を行い、日々の授業実践に取り組み、研修を深める。

長崎県「新学力向上のための三つの提案」の実践のために、「長崎県授業改善メソッド」を活用し、授業づくりに役立てていく。

「長崎県読解力プラン」に取り組み、これまでの授業や教育活動に「読解力の育成」を意識した改善を加えていく。

〈近隣の教育・文化施設〉　松浦市は、鯵の水揚げ日本一を誇り「アジフライの聖地」として知られている。鷹島沖海底の眠っている元寇遺跡を引き上げ保存する埋蔵文化財センターがある。

◇鳥取県米子市立伯仙《はくせん》小学校

①坂本貴俊　②一九（特五）　③三八四　④鳥取県米子市尾高四一八一一　⑤〇八五九（二七）一〇〇四　⑥JR山陰線米子駅よりバス二五分徒歩一〇分　又は伯耆大山駅よりタクシー一〇分　⑦HP㊒・無

確かな学力を身に付け人間力が高まる学校づくり
――教えて考えさせる授業づくりを通して――

人間力が高まるとは、予測困難な時代を生き抜く子どもたちにとって、必要な力と考える。コミュニケーション能力や問題解決力を身に付け、社会を構成し運営するとともに、自律した一人の人間として力強く生きていくための総合的な力と考える。そのような力を育てるために、まず、自分たちの学級を自分たちの力でよりよくしていく自治の力を高め、その土台の中で「教えて考えさせる授業づくり」に取り組んでいる。

この授業スタイル（算数）は、事前の予習から課題をとらえ、授業の中で理解確認をし、さらにレベルが上がった理解深化問題に取り組んでいく。その際、話し合う力や自己判断する力が必要となるため、授業を通して育成を図っている。

〈近隣の教育・文化施設〉　米子市は、国立公園大山の麓に位置し、近隣には、弥生期の妻木晩田《むきばんだ》遺跡、植田正治写真美術館がある。

◇茨城県北茨城市立精華《せいか》小学校

①小林宜弘　②一七（特二）　③四五五　④茨城県北茨城市磯原町磯原四―三六　⑤〇二九三（四二）〇三二八　⑥JR常磐線磯原駅より徒歩八分、又はタクシーで二分　⑦HP㊒・無

学習する意義や有用性を実感できる指導の在り方
――科学的思考力・表現力を高める――

本校は、平成二十五年度より継続して、茨城県教育委員会から「小学校理科教科担任制モデル事業」の指定を受け、指導計画、指導法の工夫改善に取り組んできている。特に、児童の自然事象への気付きをもとに、自然事象や科学的事象への興味関心を高め、科学的思考力、表現力を高めるための指導の在り方について研究を進めている。

本校では、教員の専門性を生かし、三名の理科免許をもつ教員が三年生以上の理科授業を担当している。専門性を生かした小学校での理科専科授業を実施することで、児童の自然事象や科学的事象への興味関心をさらに高め、科学的なものの見方・考え方ができる児童を育成していきたい。

〈近隣の教育・文化施設〉　天心が想い、大観が描き、雨情が詠んだ、豊かな自然、文化の香る北茨城市。童謡詩人「野口雨情生家」、五浦海岸・六角堂・県立天心記念美術館がある。

◇東京都大田区立清水窪《しみずくぼ》小学校

①竹花仁志　②一三　③三九四　④東京都大田区北千束一―二〇―一五　⑤〇三（三七一八）三五三六　⑥東急大岡山駅より徒歩四分　⑦ＨＰ㊒・無

科学大好きな子どもを育てる
――サイエンスコミュニケーション科を創設――

本校は昭和七年に開校し、令和四年で九十周年を迎える。平成二十三年に大田区教育委員会から「おおたサイエンススクール」の指定を受け、近隣の東京工業大学をはじめとする自然や科学に関する専門機関等との連携を生かした理科教育に取り組んでいる。また、平成二十五年には文部科学省教育課程特例校の指定を受け、本校独自の教科「サイエンスコミュニケーション科」を創設。児童に身近な疑問を、理科、生活科を中心とした各教科等で学んだことを活用しながら、主体的に問題解決する学習を通して、論理的思考力、コミュニケーション力を育むことを目指し、研究主題を「科学大好きな子どもを育てる」として、研究活動に取り組んでいる。

〈**近隣の教育・文化施設**〉　清水窪弁財天の湧水は都内屈指の池である洗足池の主な水源であり、「東京の名湧水五七選」に選ばれている。近年はパワースポットとしても人気の地である。

◇香川県高松市立多肥《たひ》小学校

①溝内哲也　②四四（特八）　③一一一九　④香川県高松市多肥上町九〇二―二　⑤〇八七（八八九）〇五三七　⑥琴電琴平線太田駅より徒歩一三分　⑦ＨＰ㊒・無

子どもが自然観を豊かにする理科学習
――学ぶことを面白がる子どもの育成――

認識のずれや日常生活とのつながりに気付くような「驚き」を授業の中に取り込むことで、進んで問題解決をしようとする姿が見られる、すなわち、学ぶことに面白さを感じる子どもを育成できると考える。

また、自由に試す環境や道具を準備したり、自己選択・自己決定の場を設定したりすることで、子どもたちがより主体的に学習に取り組むようになると考える。

単元を通して教科の本質に迫ることができるよう、「認識ののぼりおり表」を作成し、「驚き」と「試行錯誤」の二つの視点に基づく授業づくりを行っている。

〈**近隣の教育・文化施設**〉　高松市仏生山町の「法然寺」は、法然上人を偲んで初代高松藩主の松平頼重が建立した。珍しい仏像・釈迦涅槃像（しゃかねはんぞう）がある。

◇長崎県長崎市立鳴見台《なるみだい》小学校

①古本龍夫　②一九（特三）　③四四五　④長崎県長崎市鳴見台二―一―八　⑤〇九五（八五〇）四四四七　⑥JR九州長崎本線（長与支線）道ノ尾駅よりタクシー一五分　⑦HP㊒・無

自分の考えをもち　進んで学びあう　理科学習
――主体的・対話的で深い学びを通して――

本校は、平成二十一年度、長崎市教育委員会の指定を受け、理科教育の実践研究をスタートした。以来十二年間、継続して校内研究に取り組み、平成三十年度は、「九州理科教育研究大会」に四本の公開授業を提供した。

令和三年度からは、長崎県教育委員会の指定を受け、「進んで観察実験をする子ども」「自分の考えを表現できる子ども」「学びを振り返ることができる子ども」の育成を目指し、「『なぜ?』『伝えたい』を引き出す事象提示の工夫」「互いの考えを検討する対話的な学習の場の工夫」「『考察』を促す授業展開の工夫」を研究内容として、新しい学習指導要領が示す「主体的・対話的で深い学び」の実現に向け、研究を進めている。

〈近隣の教育・文化施設〉　本校がある長崎市三重地区には、変成鉱物及びヒスイ輝石が含まれる緑色岩が露出する海岸がある（県指定天然記念物「三重海岸変成鉱物の産地」）。

◇和歌山県海南市立大野《おおの》小学校

①阪口貴史　②一五（特四）　③二六三　④和歌山県海南市山田九一―一　⑤〇七三（四八二）三五二四　⑥JRきのくに線海南駅より、徒歩三〇分、又はタクシーで五分　⑦HP㊒・無

自分の思いや考えを表現し、共に学び合う子の育成
――つながれ　ひろがれ　わたしのおもい――

本校では、令和二年度より図画工作科の研究に取り組んでいる。子どもたちの「わくわく感」から出発し、自分の発想から表現へ、表現から発想へと思いがつながり、広がる図画工作科の学習の仕方について研究を進めている。自分の思いや考えを、造形遊びをする活動、絵や立体・工作に表す活動を通して表現することについて実践してきた結果、表現を楽しみ、自由な発想をしようとする子どもが増えてきた。

令和三年度は、「人」「もの」「思い」がつながり広がりのあるものにするために「『やってみたい』と思わせる工夫」「試行錯誤ができる場（場面・場所）の工夫」「図画工作科におけるICTの工夫」の三つを研究の視点とした。

〈近隣の教育・文化施設〉　悲劇の皇子有間皇子で有名な藤白坂、藤白神社、熊野古道、鈴木の姓の発祥地や日本三大漆器と称される紀州漆器を展示しているうるわし館が学校近くにある。

◇岩手県雫石町立御所《ごしょ》小学校

①堀切茂行　②九（特三）　③一〇三　④岩手県岩手郡雫石町西安庭四一―一五二―一　⑤〇一九（六九二）二二〇六　⑥JR田沢湖線雫石駅よりタクシー七分　⑦HP㊒・無

自分の考えを伝え合い、意欲的に学ぶ子どもの育成
――体育科で場の設定を工夫した授業を通して――

研究目標は「どの子も楽しさや喜び、自己の学びの成果を感じられる体育の学習の在り方を探る」である。「体育科の授業で工夫した『場の設定』『振り返り』を継続して行えば、どの子も楽しさや喜びを感じたり自分の学びの成果を感じたりすることができる。自分の考えを伝え合い、意欲的に学ぶ子どもに迫れるであろう」という仮説のもと、「場の設定の工夫」（どの子も楽しさや喜びを感じられる環境づくり）と「振り返り」の蓄積（自己の成長を実感するための振り返りの積み上げ）を研究内容の柱に据え、日常の授業を中核とし、一人一提案授業を行っている。また研究会や研究通信等により実践研究の方向性や成果と課題について共通理解を図っている。

〈近隣の教育・文化施設〉　一九九三年アルペンスキー世界選手権が行われた雫石スキー場がある。

◇新潟県佐渡市立真野《まの》小学校

①藤井　衛　②九（特二）　③二〇三　④新潟県佐渡市吉岡一六九五　⑤〇二五九（五五）二〇〇九　⑥佐渡汽船両津港よりバスで三〇分　⑦HP㊒・無

目当てに向かって意欲的に取り組む体育学習
――全力で取り組める目標のもたせ方の工夫――

本校は、かつて「体育の町」宣言をした真野地区を学区とする唯一の小学校である。新潟県と佐渡市から指定を受け、体育科を中心に授業改善を行っている。これまでの体育授業はやらせることが中心であった。そのことを改め、もっと楽しくなるように子どもにルールや場を考えさせる授業づくりに全校で取り組んでいる。振り返りを生かして子どもとともに目当てを決める。目当てを決めたら、目当てに向かえるように手だてを工夫する。そうすることで、意欲的に取り組む児童が増えている。

令和三年度は「体つくり運動」の授業実践を全学年の体育で実施した。コロナ禍のため、授業動画を配信し、オンラインでの研究協議会を行った。

〈近隣の教育・文化施設〉　昭和四十六年に「体育の町」宣言を行った真野地区。佐渡市唯一の温水プールがある「佐渡スポーツハウス」や第三種公認「佐渡市陸上競技場」を有している。

◇大阪府泉佐野市立佐野台《さのだい》小学校

①岩谷朋子 ②一一（特五） ③一五二 ④大阪府泉佐野市東佐野台一―一 ⑤〇七二（四六四）〇九三五 ⑥JR阪和線熊取駅より徒歩一〇分 ⑦HP㊒・無

自ら課題を見付け、考える子どもの育成
――共に学び、伝え合い、達成する力を高める――

平成二十七年度から研究教科を体育とし、平成二十九年度からは体育特認校として学校運営を行っている。体育支援コーディネーターや、体力向上プログラムアドバイザーが配置され、体育的行事の充実を図り、授業研究や実技研修を行っている。業間十五分運動（UPタイム）や全校体育、食育の推進など、体力向上及び生涯スポーツ、健康教育を特色とする教育を行っている。日本体育大学を訪問してトップアスリートと交流したり、大阪体育大学と連携して助言や支援を受けたりして、最新の科学的な研究を進めている。希望者を対象に、放課後のスポーツ教室を実施している。新体力テストは、全学年春・秋の二回行い、各学年の記録を集計し、検証している。

〔近隣の教育・文化施設〕 慈眼院《じげんいん》多《た》宝塔《ほうとう》は、国宝建築物に指定されている。中世日根荘の風景、船主集落、葛城修験の三つのストーリーが、日本遺産に認定されている。

◇兵庫県神戸市立中央《ちゅうおう》小学校

①田口 誠 ②一七（特四） ③五一五 ④兵庫県神戸市中央区神若通七―一―一 ⑤〇七八（二三一）二四二一 ⑥JR山陽新幹線新神戸駅より南へ徒歩一〇分 ⑦HP㊒・無

できた！わかった！やったぁ！
――見えない力を確かな力へ――

本校は、平成九年に近隣の四校を統合・開校し、令和三年で二十五年目を迎える。教育目標「夢・笑顔・命」の具現化を目指し、人権教育を基盤として、取組を重ねてきた。

令和三年度近畿小学校体育研究大会・神戸市大会の会場校として、他校の協力員の助言を得ながら研究を進めている。

体育学習を創るにあたり、コンテンツベース（道具や場を学習の軸に据える）からコンピテンシーベース（運動の特性を学習の軸に据える）の学習作りへとシフトし、「生涯スポーツ」の大切さを強く感じ実践に努めてきた。

コロナ禍で予定されていた授業公開はできなかったが、協力員の参観、授業の動画により、リモートで分科会を行った。

〔近隣の教育・文化施設〕 校区のすぐ北には六甲山系の山々が聳《そび》え、南には神戸港が見渡せる。徒歩圏内では、北側に「布引の滝」、南側に「人と防災未来センター」がある。

◇鳥取県鳥取市立若葉台《わかばだい》小学校

①蓮佛俊敬　②一二（特三）　③二一二　④鳥取県鳥取市若葉台南二―一七―一　⑤〇八五七（五二）七二〇〇　⑥JR因美線津ノ井駅より徒歩二〇分　バス津ノ井駅前より若葉台南五丁目まで五分　⑦HP㊒・無

ともに学び 未来を創る 鳥取の体育
――豊かに関わり合いながら課題を追究する子ども――

本校は、平成九年に創立した学校で、令和三年度で二十五周年を迎える。

昨年度より、運動の価値や特性を実感し、運動の楽しさや喜びを味わい、生涯にわたる豊かなスポーツライフを実現することを目指すとした鳥取県小学校体育研究会の研究の方向性をもとに、「運動の楽しさに浸り、豊かに関わり合いながら、課題を追究する子ども」の育成を目指して研究を進めてきた。

令和三年十月二十七日には、本校を会場として、鳥取県小学校体育研究大会を開催し、本校の授業公開に加え、東部地区の四小学校の児童を本校に招き、授業公開を行った。議論する中で、各領域・保健領域におけるこれからの体育科学習を、県全体で確立することができた。

〔近隣の教育・文化施設〕　校区内に、「人と社会と自然との共生」の実現を掲げる公立鳥取環境大学がある。

◇鹿児島県奄美市立手花部《てけぶ》小学校

①松山昭久　②三　③一四　④鹿児島県奄美市笠利町手花部二八一一　⑤〇九九七（六三）〇〇八五　⑥奄美空港より車一五分　⑦HP㊒・無

学び合いで、運動する喜びを実感できる児童の育成
――小規模校における異年齢集団の取組を通して――

本校は、令和二・三年度の二年間、鹿児島県教育委員会「たくましい〝かごしまっ子〟」育成推進校として、心豊かでたくましい子どもたちの育成を目指し、体力向上や運動習慣育成のため、授業研究や実践活動を行った。

極小規模校・完全複式学級の学校として、「主体的・対話的で深い学び」を実現するために、教科体育にも全校活動を取り入れ、異年齢集団での学び合いを充実させて、運動する喜びが実感できるようにしている。

また、地域人材をゲストティーチャーとして活用したり、スポーツクラブから講師を招いたりして運動好きな子どもの育成を図り、学校・家庭・地域が連携して運動やスポーツに親しむ児童の育成を推進している。

〔近隣の教育・文化施設〕　本校区内の市指定文化財として一六〇九年に薩摩軍と戦闘のあった「津代古戦場跡」や、天然記念物のマングローブである「手花部メヒルギ群落」がある。

◇宮城県仙台市立連坊《れんぼう》小路《こうじ》小学校

①藤原秀晃　②二〇（特二）　③五四二　④宮城県仙台市若林区連坊一―七―二七　⑤〇二二（二五六）六三八四　⑥地下鉄東西線連坊駅より徒歩五分　⑦ＨＰ㊒・無

異なる他者の考えを受け止める児童の育成
――相手意識をもった本気の話合い活動を通して――

異なる他者の考えを受け止めることは大人にとっても難しい業である。しかし、将来子どもたちが自立した一人の人間として夢や希望をもって集団の中で生活していくためには、相手の考えを分かろうとして聴き、その上で自分の考えを主張する力（アサーション）を身に付けることは非常に重要なことだと考えている。本校では学級活動の話合い活動を研究領域とし、同調圧力によって潜在化しがちな不安や異質な価値観をプラン選択型の話合いの中で顕在化させ、集団がその感情を理解した上で説得したり、同調したりしながら合意形成を実現する経験を積ませていく。話合いの土壌を作るために日常の授業の中においても「対話スキル」の習得を推進している。

〔近隣の教育・文化施設〕　近隣には、陸奥国分寺跡及び多数の寺院がある。仙台駅まで徒歩圏内の市街地でありながら昔ながらの商店街が連なり、二つの県立高校もある。

◇神奈川県湯河原町立吉浜《よしはま》小学校

①津田　清　②一五（特三）　③三七一　④神奈川県足柄下郡湯河原町吉浜一三〇〇　⑤〇四六五（六二）八二八七　⑥ＪＲ湯河原駅よりコミュニティバス七分、ＪＲ真鶴駅よりコミュニティバス九分　⑦ＨＰ㊒・無

児童の意欲をかきたてる自治活動の充実
――子どもたちの声を大切にした特別活動の実践――

本校に赴任以来、自己肯定感・自己有用感を育む学びの場が特に重要であると考え、令和元年度から「自らが選択・創造し、実践する喜びを感じられる集団活動の充実」という項目を学校経営計画の中に設けた。

令和二年度には、子どもたちの発案から昼休みの体育館の使用方法が変わり、クラブ活動は子どもたちの興味・関心をもとに発足されるようになった。

また、コロナ禍だからこそ発想を転換し、修学旅行での活動内容は子どもたちが合意形成を図る中で決定され、合唱を発表する場はミニコンサートという新たな形へ移行していった。

子どもたちの小さな声を出発点に、自分たちが学校をつくる主体であるという意識を今後も育てていきたい。

〔近隣の教育・文化施設〕　頼朝が一一八〇年に石橋山の戦いに敗れ平氏から身を隠したと言われる洞窟（しとどの窟）や、二・二六事件で東京以外唯一の事件現場となった光風荘などがある。

◇新潟県新潟市立小須戸《こすど》小学校

①河野健一　②一一（特一）　③二四一　④新潟県新潟市秋葉区横川浜五四一―一　⑤〇二五〇（三八）三五〇〇　⑥ＪＲ矢代田駅から徒歩三〇分又は車で六分　⑦ＨＰ㊒・無

自ら学びを舵取し、協働し、創造する児童の育成
――これからの時代を見据えた特別活動――

本校は、令和元年・二年度に、新潟県・新潟市小学校教育研究会の指定を受け、特別活動における「対話的な学びを活性化する手立ての工夫」として研究を進めた。しかし、コロナ禍となり、新たな時代を見据え、どんな状況でも、児童が主体的に、多様な他者と協働し創意工夫しながら豊かな学校生活を生み出す意欲と実践力を育てたいと、研究の方向を転換した。そして、「分かり合い」を大切にした学級会と「子どもの願い」で創り上げる新しい特別活動について、研究実践の成果と課題を発表した。

令和三年度は、「自らの「学び」と「生活」を舵取りする児童の育成」を目指し、ＵＤＬによる授業改革とＰＢＩＳによる生徒指導改革に取り組んだ。

〈近隣の教育・文化施設〉　歴史ある在郷町の佇まいと町屋が残る。豊かな自然に囲まれ、花とみどりの町として、ボケの花生産日本一である。毎月開催の三・八市には、二十軒ほどの露店が並ぶ。

◇滋賀県守山市立守山《もりやま》小学校

①田中滋規　②三六（特七）　③一一四六　④滋賀県守山市勝部一―一三―一　⑤〇七七（五八二）二四二四　⑥ＪＲ琵琶湖線守山駅より徒歩五分　⑦ＨＰ㊒・無

気づき、考え、実行する子どもの育成を目指して
――青少年赤十字発祥校としての取組――

一九二二年、日本で初めて青少年赤十字を結成した「青少年赤十字の発祥校」である。青少年赤十字の態度目標である「気づき・考え・実行する」を合言葉にし、日々の教育活動に取り組んでいる。

三年前より特別活動を研究教科に一時間の学級活動の授業展開を、態度目標に照らし合わせて、導入「気づき」展開「考え」まとめ「実行する」のＫＫＪサイクルで捉え、「合意形成に向かって自分の思いを伝える姿」「相手の思いを理解し、自分たちのこととして考える姿」「よりよい決定に向けて考えを想像する姿」が全校児童に見られるよう、職員が一致団結して令和四年度の発祥百周年記念研究発表大会に向けて研究を進めている。

〈近隣の教育・文化施設〉　びわ湖や野洲川に面した本市は、弥生時代の遺跡である。伊勢遺跡、下之郷遺跡、服部遺跡などが見られ、古代から栄えていた地であることが分かる。

◇鳥取県八頭町立郡家《こおげ》東《ひがし》小学校

①谷口敏明　②一二（特四）　③一九二　④鳥取県八頭郡八頭町稲荷三一〇　⑤〇八五八（七三）〇〇一〇　⑥ＪＲ因美線東郡家駅より徒歩一〇分　⑦ＨＰ㊒・無

自分たちで生活をつくる子どもの育成
――つながる子・うみだす子・やりぬく子の育成――

本校では、特別活動の実践で「つながる子（人間関係形成）うみだす子（社会参画）やりぬく子（自己実現）」の育成に取り組んでいる。成果として、子どもたちはみんなで話し合うことの大切さや共に活動に取り組むことの喜びを実感している。また、話し合いから実行までの実践経験を積み重ねることで自己肯定感・有用感を高めている。集団の中で協力しながら活動に取り組むことで、一人では味わえない喜びを知り、友達とのつながりを深め、自分に自信をもつことができるようになってきた。また、各種学力調査等で肯定的回答が増え、良好な結果が得られている。特別活動と各教科との往還の中で、相乗的に「学びに向かう力」が育っていると感じている。

〈近隣の教育・文化施設〉　校区にある青龍寺には国指定重要文化財「多聞天立像と持国天立像」がある。白鳳期創建の土師百井廃寺跡や安徳天皇にまつわる伝説も残る。

◇香川県丸亀市立垂水《たるみ》小学校

①本荘　勝　②一五（特二）　③三五六　④香川県丸亀市垂水町一四〇八　⑤〇八七七（二八）七五五一　⑥ＪＲ予讃線丸亀駅よりタクシー二〇分　⑦ＨＰ㊒・無

主体的に学び合い、意欲的に探求する子どもの育成
――互いを尊重し、問題解決を図る学級活動――

本校は、令和二年度より「互いを尊重し、合意形成・意思決定を図る学級活動の在り方」について研究を進めている。研究の視点は、「学級活動の授業づくり」「集団活動による仲間づくり」「活動の活性化を図る環境づくり」の三点である。「授業づくり」では、事前、本時、事後の活動において、学級活動を充実させるグッズや支援、「仲間づくり」では、教科等の学び合いとの往還とクラス会議（朝の会で実施）の充実、「環境づくり」では、活動の見える化を図る教室・校内環境の整備に重点を置いて取り組んでいる。

令和四年秋には、同市立飯野小学校とともに、香川県小学校教育研究会特別活動研究発表会を開催する予定である。

〈近隣の教育・文化施設〉　丸亀市は、石垣の総高日本一の丸亀城、金比羅五街道のうち最も栄えた丸亀街道、讃岐富士などの旧跡・名所の他、生産量日本一の丸亀うちわも有名である。

◇宮城県仙台市立新田《しんでん》小学校

①熊谷裕行　②三一（特二）　③九七三　④宮城県仙台市宮城野区新田四―三〇―一　⑤〇二二（二三七）四八三五　⑥JR東北本線、東仙台駅より徒歩一二分。JR仙石線、小鶴新田駅より徒歩一五分　⑦HP㊒・無

自己を見つめ、共によりよく生きる児童
――自分の生き方について考えを深める道徳科――

　新田小学校は、教室や廊下等に「道徳コーナー」を設置し、全校で道徳の授業の学びの跡を残し、道徳の授業以外でも道徳的価値に触れられるような環境作りに取り組んでいる学校である。

　過去三年間の道徳の校内研究では、展開後段で「生活のタネ」「生き方のヒント」という、一時間の授業を通して学んだことを書く活動に取り組み、児童が自分のこれからに生かそうとする授業スタイルを学校として築いてきた。

　令和三年度は、東北地区小学校道徳教育研究大会宮城大会（仙台市大会）において、これまでの研究の成果を実践授業（二年・四年・六年）で公開した。詳しい取組の内容については、大会紀要に掲載。大会終了後に宮城県内外に発信した。

〈近隣の教育・文化施設〉　仙台駅までのアクセスも良く、近隣に東北楽天ゴールデンイーグルスの本拠地、楽天生命パーク宮城や弘進ゴムアスリートパーク仙台などのスポーツ施設がある。

◇福島県二本松市立石井《いしい》小学校

①松浦秀行　②七（特一）　③九五　④福島県二本松市小高内三一　⑤〇二四三（二二）四一六六　⑥JR東北本線二本松駅よりバス一五分徒歩三分、又は二本松駅よりタクシー一〇分　⑦HP㊒・無

他者とつながり、よりよく生きる子どもの育成
――家庭、地域とともにつくる道徳教育を目指して――

　本地区は、無形民俗文化財に指定された「石井の七福神、田植踊」などが受け継がれ、年代を超えた結び付きが今もなお強く残されている。また、学校教育に対しても関心が高く、積極的に支援する協力的な土壌がある。

　この地域の特性を生かし、家庭や地域のつながりを一層深めながら子どもたちの道徳性を高めようと様々な教育活動に取り組んできた。特に、「つながれ　広がれ石井のわ」をスローガンに掲げ、保護者参加型の道徳科の授業の実践や地域の方とともに石井のよさを体験する活動などを通して、郷土に対する誇りをもち、心豊かに生きる力を育むことを目指し、学校だけに留まらない地域とともにある道徳教育を推進している。

〈近隣の教育・文化施設〉　「あれが阿多多羅山」で始まる智恵子抄で知られる二本松市。阿武隈川のカヌー場、あだたら高原のスキー場と豊かな自然を生かしたスポーツも盛んである。

◇栃木県宇都宮市立明保《めいほ》小学校

①宮井由美　②一二（特二）　③五七四　④栃木県宇都宮市下荒針町三四五六―一　⑤〇二八（六四八）二二〇〇　⑥関東バス宇都宮―鹿沼線　野尻下車徒歩一〇分　⑦ＨＰ㊒・無

自己を見つめ豊かな心でよりよく生きる児童の育成
――多面的・多角的に考え、深める授業を通して――

本校は明治六年に開校し、今年で百四十八年目の歴史を誇る。「元気・やる気・勇気・思いやり」の合言葉の下、全校児童がその目標に向かい、地域と一体となった教育活動を展開している。

道徳教育の研究は、令和二年度から継続しており、「自己を見つめ、豊かな心でよりよく生きる児童の育成」を研究主題とし、多面的・多角的に考え、深める道徳科の授業を研究してきた。教材の提示や発問の工夫を実践することで、児童が問題意識をもって道徳的価値と自分との関わりを主体的に考える力が身に付きつつある。さらに学習形態を工夫することで、多様な感じ方に触れることができた。その成果を令和四年秋に、県主催の公開研究会で発表予定である。

〈近隣の教育・文化施設〉　校区には、日本遺産に認定された大谷石の奇石群など関連文化財が多数ある。また、童謡「あの町この町」で知られる作詩家、野口雨情の旧居や歌碑がある。

◇山梨県中央市立田富南《たとみみなみ》小学校

①芦澤明仁　②八（特二）　③一六三　④山梨県中央市西花輪一二五〇　⑤〇五五（二七三）九一一一　⑥ＪＲ東海道　身延線東花輪駅より徒歩二〇分、タクシー五分　⑦ＨＰ㊒・無

自ら学び　自ら考える児童の育成
――考え、伝え合う道徳の授業づくりを通して――

本校は農村地帯にある単学級の小規模校であり、比較的落ち着いた地域にある。数年来、様々な課題をもつ児童が多く在籍し、言葉の理解や言葉を上手に使って自分の考えを伝えることが苦手であったり、学習や学校の諸活動に対して受動的になり、自ら課題を見付けたり、考えたりして解決していくことが課題となっている。

二〇一九年度より研究指定を受けて、言語活動の推進とともに道徳教育を推進することで本校の児童の課題「自ら学ぶ・自ら考える」ことに焦点を当て、学習課題を自分の問題としてとらえて多面的・多角的に考え、自他の思いを伝え合う授業方法を工夫することで、自ら学び、自ら考える児童の育成に迫る研究を行っている。

〈近隣の教育・文化施設〉　中央市は甲府盆地の中央部の農村地帯の旧田富町・旧玉穂町・旧豊富村が合併し市政施行。山梨大学医学部および医学部付属病院があり、中学校と交流している。

◇新潟県魚沼市立須原《すはら》小学校

①伊原由美　②八（特二）　③八七　④新潟県魚沼市須原九八〇　⑤〇二五（七九七）二〇二四　⑥只見線越後須原駅より徒歩九分　⑦ＨＰ㊒・無

「考え、議論する道徳」への質的転換
――自己の納得解を見いだすための手だての工夫――

本校は令和元・二年度に新潟県・新潟市小学校教育研究会の研究指定を受け、「特別の教科　道徳」の研究に取り組んだ。教科化で求められる「考え、議論する授業」への質的転換を図るために「問題意識」と「対話」に着目した。導入では効果的に教材を活用し、子どもの問題意識の重なりやずれをもとに道徳的価値に迫ることのできる学習課題を設定することである。追求では子どもの考えの広がりや転換を図るための関わらせ方や問い返しの発問によって対話場面を組織していくことである。一人一人が考え、仲間と議論する授業の積み重ねが、自分との関係で道徳的価値を見つめ、納得解を見いだそうとする子どもの姿へとつながってきている。

〔近隣の教育・文化施設〕　校区の「須原スキー場」はスポーツや観光の中心で、年間を通して県の内外から多くの人が訪れる。雪国魚沼の宝の一つで、地元の人々に愛され、守られている。

◇岐阜県飛騨市立古川《ふるかわ》小学校

①下出尚弘　②一八（特三）　③四二六　④岐阜県飛騨市古川町片原町八―三五　⑤〇五七七（七三）二六一四　⑥ＪＲ高山本線飛騨古川駅より徒歩五分　⑦ＨＰ㊒・無

自己を見つめ、よりよく生きようとする子の育成
――道徳教育の充実を通して――

本校は令和二・三年度の二年間、文部科学省の道徳教育地域支援事業の指定を受け、㈠道徳科の授業研究　㈡教科の見方・考え方を大切にした教科指導の充実　㈢地域と連携したふるさと教育「古川やんちゃ学」の充実の三つを重点に取り組み、決め出した資質・能力である「自分から（主体性）自分で（自立性）自分なら（創造性）」を育むことに取り組んでいる。

特に、道徳科では、道徳的価値を自分事としてとらえることを重視し、共感的・分析的・投影的・批判的の四つの視点からの発問を精選する。終末では、これまでの自分とこれからの自分の視点で道徳的価値を見つめることを大切にしている。

〔近隣の教育・文化施設〕　本校は、金森可重氏によって築城された増島城の城跡に立地し、校区である飛騨市古川町には、ユネスコ無形文化遺産に登録された伝統的祭礼「古川祭」がある。

◇愛知県新城市立黄柳川《つげがわ》小学校

①夏目久代　②七（特一）　③五七　④愛知県新城市下吉田字五反田一八七―一　⑤〇五三六（三四）〇二〇六　⑥ＪＲ飯田線新城駅よりタクシーで二〇分、本長篠駅より市営バスで一〇分　⑦ＨＰ㊒・無

一つの考え方よりも二つの考え方のできる子の育成
――考える、議論するを大切にする道徳教育――

本校は、東三河山間部に位置し、山吉田小・黄柳野小の統合により誕生した開校九年目の小規模校である。

多面的・多角的な見方、考え方のできる子どもの育成を目指し、道徳教育に力を入れ、令和三年十月には、研究発表会を開催した。

研究の重点として、「低・中・高学年での合同道徳の推進」、「思考を深める教師の出」、「アイデアシートの活用」の三つを掲げている。本時のねらいを明確に設定し、全職員で授業を創る体制を大切にしている。

また、学校と地域が協働して、「黄柳川かるた制作」、「黄柳川マップ作り」、「郷土本制作」、「ふるさとを歩く会」など、郷土愛を育む活動を行っている。

〈近隣の教育・文化施設〉　長篠・設楽原の戦いで知られる地であり、設楽原歴史資料館、長篠城址史跡保存館には、日本史を彩る多くの資料が展示され、歴史学習に活用されている。

◇愛知県刈谷市立富士松東《ふじまつひがし》小学校

①畔柳　豊　②一五（特三）　③四一六　④愛知県刈谷市東境町堀池七一　⑤〇五六六（三六）二八一八　⑥名鉄本線知立駅よりバス一〇分徒歩一分、又は知立駅よりタクシーで一〇分　⑦ＨＰ㊒・無

自己肯定感を高め、ともに課題を解決する子の育成
――授業・環境・富東っ子タイムの充実を通して――

本校は、「心豊かでたくましく生きる子どもを育てる」の教育目標のもと、家庭や地域と連携しながら知・徳・体の調和のとれた児童の育成に努めている。

令和二・三年度刈谷市教育委員会の委嘱を受け、特別の教科　道徳の研究に取り組んでいる。道徳教育の全体計画の別葉を「大くくり単元化」しての授業づくり、「話す・聴く」を中心とした学び方のスタイルを児童に定着させての学習環境づくり、朝の会の十五分間を使った「小さな道徳」とソーシャル・スキル・トレーニングを中心とした「富東っ子タイム」の三つを研究の柱として取り組んでいる。成果として、児童の自己肯定感が徐々に高まってきた。令和三年十月二十二日に公開研究会を実施。

〈近隣の教育・文化施設〉　自動車関連工場がいくつかあり、工場見学をはじめ企業と連携した教育を展開している。また、本校の近くに愛知教育大学があり、連携した教育も充実している。

◇香川県高松市立中央《ちゅうおう》小学校

①長谷川絵里　②二三（特五）　③九二一　④香川県高松市松縄町一一三八　⑤〇八七（八六六）二九三八　⑥琴電　レインボー循環バスレインボーロード伏石バス停より徒歩五分　⑦ＨＰ㊒・無

自ら学び、思いや考えを伝え合う児童の育成
――自己の生き方について考えを深める道徳教育――

本校では、研究主題を「自ら学び、自己の生き方について考えを伝え合う児童の育成」に、自己を見つめ、自己の生き方について考えを深め合える「道徳の時間」を核に研究に取り組んできた。「道徳の時間」のを考えるにあたり重点を置いたのは、本時のねらいを目指す児童像である「かっこいい中央っ子」及び児童会テーマ「三つ葉の心（あいさつ・きまり・働く）」と関連付けること、自分事として考えられるよう「普段着の話し合い」を行いオープンエンドとすること、ＩＣＴ機器を積極的に活用することである。

研究を「道徳の時間」のみに特化することで、教師の指導力の向上を考慮した。

令和三年十月二十八日に研究公開を行った。

〈近隣の教育・文化施設〉　瀬戸内海に面し、日本で初めて指定された国立公園、「瀬戸内海国立公園」の中心地である。高松松平家（高松藩）高松城の城下町として栄えた歴史がある。

◇長崎県壱岐市立田河《たがわ》小学校

①石橋　享　②六（特二）　③七六　④長崎県壱岐市芦辺町諸吉二亦触一六五九　⑤〇九二〇（四五）〇三二七　⑥博多港より高速船で一時間五分、長崎空港から飛行機で二五分で壱岐島へ到着、その後タクシーで一〇分　⑦ＨＰ㊒・無

自己を見つめわかちあう心をもち、よりよく生きる
――問題解決的な学習過程で行う授業を要として――

自己を見つめ、わかちあいの心をもち、よりよく生きようとする田河っ子の育成のために、サブタイトルを「問題解決的な学習過程で行う　特別の教科　道徳授業を要として」とし、研究の三本の柱を次の通りとした。①『第五版』に基づくスタイルを活用し、共通評価表による授業評価を行い授業改善を図る。②　道徳科の特質を生かした計画的な指導を行う。③　家庭や地域と連携する。この二年間で、道徳科の授業改善が図られ、ねりあげる過程での「切り込み・切り返し発問」を精選して、児童が多面的・多角的な考えに気付いたり、単に考えを述べるだけでなく、本時の価値に迫るものになったことが大きな成果である。

〈近隣の教育・文化施設〉　壱岐市は夢の浮島と呼ばれるほど、島全体に観光スポットがある。特に校区内には原の辻遺跡・一支国博物館など、歴史的遺産の魅力も豊かである。

◇沖縄県豊見城市立豊崎《とよさき》小学校

①平良　淳　②三〇（特五）　③八一九　④沖縄県豊見城市字豊崎一―四〇六　⑤〇九八（八四〇）六五三〇　⑥ゆいレール小禄駅よりバス二二分徒歩七分、又はゆいレール那覇空港駅よりタクシー一八分　⑦HP㊒・無

共に学び合い、自己を表現できる子どもの育成
――自分の考えを広げ深める発問と対話的活動――

「生命尊重」を学校重点目標に掲げ、自他を思いやる心をもち、自ら考え行動できる児童の育成を目指している。二〇一九年から道徳教育の研究を開始し、特に道徳科の授業改善に取り組みながら、重点目標の具現化に努めている。過去二年間の研究で、児童の道徳の学びを継続的に記録するノートづくり、児童一人一人の学習のみとり方、評価の記述などを共通理解することができた。

今年度から、文部科学省の道徳教育の抜本的改善・充実に関する支援事業の委託を受け、自分の思いや考えを深めるための発問の工夫、その考えを広げたり深めたりする対話的活動の充実により、学級の支持的風土を活かしながら、共に学び合い、自己表現力を培っている。

〔近隣の教育・文化施設〕　豊見城市は、那覇空港から一番近い南部のリゾート地として人気。ショッピングやレジャー施設が充実、美しいビーチやマンゴー栽培など自然、特産物も豊富である。

◇秋田県羽後町立西馬音内《にしもない》小学校

①榎本　達　②一四（特三）　③二七三　④秋田県雄勝郡羽後町西馬音内字祭ノ神一九　⑤〇一八三（六二）一七六八　⑥JR奥羽本線湯沢駅からタクシーで一五分　⑦HP㊒・無

関わり合い、自分なりの学びをつくる子どもの育成
――自己の成長を実感できる授業づくり――

令和三年度本校は、秋田県の「拠点校・協力校英語授業改善事業」の拠点校の指定を受け、県内大学などとの効果的な連携を通して、児童の英語による言語活動の充実、外国語活動・外国語(英語)担当教員の指導力及び英語力の向上などに取り組んでいる。

言語活動の充実に向けた取組としては、伝える必要感を感じる実際の生活場面とつながる場面設定の工夫、自己の変容に気付くことができるような振り返りの工夫などを、指導力、英語力向上のための取組としては、教育専門監の授業参観及びアドバイスを生かした授業づくりなどを実施している。

令和三年十一月四日(木)に公開研究会を実施し、協力校や中学校などの協力を得ながら研究を進めている。

〔近隣の教育・文化施設〕　学区内には、東京オリンピック二〇二〇の閉会式でも紹介された「西馬音内盆踊り」の活動拠点・観光交流拠点である「西馬音内盆踊り会館」がある。

◇栃木県真岡市立中村《なかむら》小学校

①関本辰男　②一九（特三）　③四五〇　④栃木県真岡市中三〇二　⑤〇二八五（八二）二五三三　⑥真岡鐵道寺内駅より徒歩三〇分、又はタクシーで一〇分　⑦HP㊒・無

主体的に互いの考えや思いを伝え合う子どもの育成
――思わず～したくなる活動の工夫――

本校は、創立百十七年を迎えた地域の中心校である。「当たり前のことが笑顔でできる小学生」を教育指標に掲げ、確かな学力と豊かな心をもち、たくましく生きる子どもの育成を目指している。

令和元・二年度に真岡市教育委員会の指定を受けて、外国語活動・外国語科を通して、研究を行った。コミュニケーションの基礎となる力を身に付け、英語を使って、自分の考えや思いを進んで伝え合おうとする児童を目指した。研究の視点は、①目的・場面・状況を踏まえた必然性のある言語活動の工夫。②児童の意欲を高め定着を図る『スモールトーク』の工夫。③児童の達成感を促す教師の支援の工夫とし、令和二年十一月に紙面での発表を行った。

〈近隣の教育・文化施設〉　勤勉の象徴、二宮尊徳が過ごした桜町陣屋跡が市東部にある。隣接する資料館には、天保の大飢饉から農民たちを救った報徳仕法の教えなど、資料が充実している。

◇埼玉県東松山市立桜 山《さくらやま》小学校

①細野　敦　②一四（特二）　③三四一　④埼玉県東松山市桜山台五　⑤〇四九三（三五）〇一六〇　⑥東武東上線高坂駅より徒歩二五分　又はバスで五分　⑦HP㊒・無

外国語でのコミュニケーションを楽しむ児童の育成
――やり取りに自信をもたせる工夫を通して――

市から常駐のALTが配置されている。外国語でのコミュニケーションを楽しめる児童の育成を目指し、まず聞く、そして数多く活動することに取り組んだ。

そのためのアクティビティとして、三つの観点を定めた。①競争率の低いアクティビティ　②個人もしくはペアで協同して取り組めるアクティビティ　③ルールを追加することで難易度を変えられ、飽きることのないアクティビティである。

HLTとALTとのやり取り、HLTと児童とのやり取り、ALTと児童とのやり取り等繰り返し反復練習する活動（サクラトーク）を授業の中で定着させた。回数を重ねることにより、児童がやり取りに自信をもち、コミュニケーションを楽しめるようにした。

〈近隣の教育・文化施設〉　学区内に、見るだけでなくふれあい体験できる「埼玉県こども動物自然公園」と実際の資料を見て触られる「埼玉県平和資料館（ピースミュージアム）」がある。

◇千葉県長生村立高根《たかね》小学校

①今井義昭　②九（特二）　③二〇七　④千葉県長生郡長生村本郷一二九七　⑤〇四七五（三二）一一〇三　⑥JR外房線茂原駅よりバス一三分徒歩三分　⑦HP㊒・無

主体的にコミュニケーションを図る児童の育成
――外国語科・外国語活動の授業実践を通して――

本校は、令和三年度、千葉県教育委員会から「外国語教育小中高連携モデル事業」の二年間の指定を受けた。

現在、「児童一人一人が主体的にコミュニケーションを図ろうとする指導の在り方の追究」を目標として、主に場の設定を視点とした授業改善を進めている。同時に、児童が英語に親しみやすい校内環境の整備、外国語に触れる機会の日常化、ICTやALTの効果的な活用についても研究を進めているところである。

今後、小・中・高校間の相互授業参観の充実とともに、異校種間の系統的な指導方法も究明していく。

令和四年度には、授業公開、オンライン配信のいずれかで成果を公表する予定である。

〔近隣の教育・文化施設〕　四季折々の花と緑が広がる尼ヶ台総合公園まで車で五分。広大な敷地は丘やせせらぎ、散策路などが設けられ、自然の地形を生かした水と緑に包まれている。

◇愛知県丹羽郡大口町立大口北《おおぐちきた》小学校

①鈴木洋子　②二二（特二）　③六五六　④愛知県丹羽郡大口町中小口三―二五八　⑤〇五八七（九五）二〇三四　⑥名鉄犬山線柏森駅より徒歩四〇分、又はタクシーで一〇分　⑦HP㊒・無

主体的に対話ができる児童の育成
――外国語科・外国語活動の指導を生かして――

対話を「他者との対話」に絞り、「主体的に対話ができる児童」を、「英語を使うことを恐れず、生き生きと意欲を持って自分の考えや思いを伝える子」、「相手の言いたいことを推測しながら聴き、お互いをわかり合おうと努力する子」と定義した。授業では、相手を意識した話し方や聴き方を低学年から系統的に指導したり、対話につながる言語活動を充実させたりする。授業以外の場面では、英語に触れ、使い、慣れ親しむ環境をつくったり、英語で対話する機会を設定したりすることで、英語を身近に感じたり身に付いて対話力が活用できる喜びを感じたりする。これらの活動で身に付けた対話の方法や対話の経験を、他教科のどの学習でも発揮させたい。

〔近隣の教育・文化施設〕　松江（島根県）開府の祖、堀尾吉晴公の生誕地。桜の名所である五条川が町内を流れ、川岸には織田家ゆかりの小口城址公園、義晴公の住居跡の堀尾跡公園がある。

◇奈良県葛城市立新庄《しんじょう》小学校

①鎌田明美　②三五（特一二）　③八一八　④奈良県葛飾城市南道穂一七六―一　⑤〇七四五(六九)二二三二　⑥近鉄新庄駅より徒歩一〇分　⑦HP㊒・無

前のめりになって思考し、学ぼうとする児童の育成
――言語活動を充実させ言語能力を育成する授業――

本校は、創立百四十余年の歴史をもち、児童数八百人を超える大規模校である。平成三十年度から「前のめりになって思考し、学ぼうとする児童の育成」を研究課題とし、令和元年度からは外国語活動・外国語科に焦点を当て、児童のコミュニケーション意欲を高める授業を追究している。毎年、六学年全ての公開授業と研究協議を行い、授業の中の「英語を使う必然性」「タブレットによるインプット活動」「つまずきを想定しイレギュラーを設定」「活動中の適切な中間指導」等を検証してきた。

令和二年度は奈良県英語教育改善プラン推進事業対象校として研究を深め、令和三年度は奈良県外国語教育研究会研究大会の開催校として授業公開を実施した。

〈近隣の教育・文化施設〉　市内には、日本最古の官道である竹内《たけのうち》街道、大津皇子の墓がある二上山《にじょうざん》がある。また、校区には、柿本人麻呂の生誕地と伝えられ人麻呂を祀る柿本神社がある。

◇高知県南国市立日章《にっしょう》小学校

①川端純子　②八（特一）　③一三六　④高知県南国市田村乙二二六七―一　⑤〇八八（八六二）二七二六　⑥高知龍馬空港よりタクシー五分、又はごめん・なはり線立田駅より徒歩八分　⑦HP㊒・無

主体的に考え、学び合う子どもを育てる
――自ら気付き考えコミュニケーションができる――

令和二年度から高知県教育委員会指定の「英語教育改善プラン推進事業」を受け、英語教育の充実（コミュニケーション能力の向上）を目指して、組織的に教科横断的な視点をもって授業改善に取り組んでいる。

また、校区内の小学校・中学校と授業実践の情報共有を行うなど、密接に連携し、小小連携・小中連携による英語教育を推進しており、令和五年二月には、「全国小学校英語教育実践研究大会高知大会」において、その取組の成果を発信することになっている。

〈近隣の教育・文化施設〉　校区に高知大学農学部や海洋コア教育センター等の文化的施設を有している。縄文時代から近世にかけての田村遺跡群があり、歴史的遺産にも恵まれている。

◇福岡県糸島市立怡土《いと》小学校

①高瀬雄大　②一五（特三）　③三四五　④福岡県糸島市高祖七八四―一　⑤〇九二（三二二）七八〇九　⑥ＪＲ筑肥線波多江駅より徒歩五〇分、又はタクシーで一〇分　⑦ＨＰ㊒・無

グローバル化に対応した外国語教育の推進
――「トーク・タイム」と問題解決型の単元構成――

本校は前原東中学校、波多江小学校とともに、平成三十年度から福岡県教育委員会の重点課題研究指定・委嘱を受け、外国語の教育課程、授業と評価、環境整備を進めてきた。教育課程については、中学年を「身近な話題で外国語に慣れ親しむ」段階、高学年を「日常的な話題で外国語を活用する」段階と位置付け、地域学習「いとしま学」と関連付けた独自単元を構成した。授業と評価については、本気の目当てとなるよう導入段階に「トーク・タイム」を位置付け、到達目標を示した「Ｃａｎ－Ｄｏリスト」で評価させた。環境については、挨拶やほめ言葉等を英語でやりとりする「イングリッシュ・デイ」等、外国語に日常的に慣れ親しむ環境を整えた。

〈近隣の教育・文化施設〉　学校に隣接する「伊都国歴史博物館」。国宝である平原《ひらばる》遺跡出土品が展示されている。展望スペースもあり、文化財講座や体験講座など催し物も開催されている。

◇熊本県熊本市立出水《いずみ》南《みなみ》小学校

①上妻　薫　②二八（特五）　③七九六　④熊本県熊本市中央区出水四―一―一　⑤〇九六（三六三）五六七一　⑥ＪＲ上水前寺駅より徒歩二〇分、タクシー五分　⑦ＨＰ㊒・無

豊かな学び手が育つ授業の創造
――主体的・対話的で深い学びを通して――

本校は、創立四十一年を迎える。近隣の熊本支援学校との交流を創立以来続け、子どもたちの心を育んできた。また、ここ十五年ほどは、健康教育推進の学校としての役割を担ってきた。今年度より、子どもの心を育みながら、これまで推進してきた体育を基盤に国語や外国語と教科を広げて、研究を推進している。

熊本市では、子ども一人一台のタブレット端末が配布され、教師が「教える」授業から子どもが「学びとる」授業への授業観の改革を目指している。そこで、本校においても、子どもが取り組みたくなる課題や評価の工夫を通して、子どもが「豊かな学び手」に育つ授業の創造を目指して、研究を進めている。

〈近隣の教育・文化施設〉　本校から徒歩五分の江津湖は、貴重な水生生物や野鳥がいる。市民の水道水百％を天然地下水でまかなう「日本一の地下水都市・熊本」のシンボル的存在だ。

◇大分県佐伯市立上堅田《かみかたた》小学校

①福田優子　②一一（特一）　③二四三　④大分県佐伯市大字長谷九一一八　⑤〇九七二（二三）四三七六　⑥ＪＲ日豊線佐伯駅よりタクシー二〇分　⑦ＨＰ㊒・無

外国語科における言語活動の指導方法と評価
――「漆塗り型」指導方法と評価問題の作成――

国立教育政策研究所の教育課程実践検証協力校として、外国語科における言語活動の指導方法とその評価の在り方について実践研究を進めている。児童と教師のやり取りを通して新しい語句や表現を徐々に理解、習得していく「漆塗り型」と呼ばれる言語活動の指導方法に取り組んでいる。昨年度は、教科書を活用し、他教科等と関連付けた言語活動を中心とした年間カリキュラムを、佐伯市教育委員会と連携して作成した。

また、そのカリキュラムを元に、ＣＡＮ―ＤＯ形式の学習指導目標も設定した。加えて、今年度は、佐伯市教育委員会、佐伯市学校教育研究会の外国語部会と三者連携し学期末の評価問題を作成し、実践した。

〈近隣の教育・文化施設〉　佐伯市は毛利藩の城下町として発展し、武家屋敷の風情が残る山際通りには、国木田独歩が英語教師として赴任した際の下宿が残され、独歩館として見学ができる。

◇青森県上北郡七戸町立天間林《てんまばやし》小学校

①二本柳淑美　②一五（特四）　③二六五　④青森県上北郡七戸町字森ノ上一八〇―一　⑤〇一七六（六八）二〇二九　⑥ＪＲ七戸十和田駅よりタクシーで八分　⑦ＨＰ有・無

生き生きと未来を創造する子どもの育成
――生活科・総合的な学習の時間を通して――

本校は令和元年度に天間林地区にあった二つの小学校が統合してできた学校である。統合により広くなった学区を地域教材として、そこにある「人・もの・こと」を主体的に探究し、自らと結び付けてより深く理解していこうとする活動が「主体的・対話的で深い学び」に繋がるものとしてとらえ、校内研究のパイロット教科を生活科・総合的な学習の時間に決めて研究をスタートさせた。

これまでのところ「探究的な学習過程をしっかり行うこと」が、主体的な児童の育成に繋がっているという手応えを得ているが、さらに「考えを広げ深める」姿への変容を目指し、当該単元で生かし、働かせる「見方・考え方」を一層明確にしながら、研究を進めている。

〈近隣の教育・文化施設〉　「北海道・北東北の縄文遺跡群」として世界遺産に登録された資産のうちの一つ「二ツ森貝塚」があり、旧校舎を改修した「二ツ森貝塚館」で展示等も行っている。

◇神奈川県相模原市立谷口台《やぐちだい》小学校

①大木真理　②三〇（特四）　③八九八　④神奈川県相模原市南区文京二―一二―一　⑤〇四二（七四二）二四一八　⑥小田急線相模大野駅から徒歩一五分　⑦HP㊒・無

子どもの夢と未来をつなぐ学びの実現
――明日が待ち遠しい生活科・総合的学習――

本校には子どもたちの身近に「四匹のかえる」がいる。「かんがえる・ふりかえる・まちがえる・みちがえる」である。様々な場面において、子どもたちはこの四匹のかえるを意識して学習、生活に取り組んでいる。さらに、思考力・判断力・表現力の一層の育成を目指して、「かんがえる六（シックス）」と「ふりかえり四（フォー）」の具体的な思考スキルを提示し、教師も子どもたちも問題解決の過程でスキルを活用することとしている。

本校は令和元年度より「市研究推進事業」の委託を受け、生活科・総合的な学習の時間の授業研究に取り組んでおり、令和五年六月開催予定の日本生活科・総合的学習教育学会全国大会の発表校として研究を積んでいる。

〈近隣の教育・文化施設〉　市内に宿泊しながら体験活動に取り組める「相模川ビレッジ若あゆ」と「ふじの体験の森やませみ」の二つの施設を有し、小中学生が宿泊体験学習で利用できる。

◇新潟県妙高市立新井北《あらいきた》小学校

①西條敏一　②一一（特四）　③二〇六　④新潟県妙高市栗原四―四―一　⑤〇二五五（七二）二五〇三　⑥えちごトキめき鉄道妙高はねうまライン北新井駅より徒歩一五分　⑦HP㊒・無

思いや願いを大切にして学びを深める子どもの育成
――ほんもの体験と思考をつなぐ対話的な学習――

本校は、「つよく　やさしく　かしこく」を教育目標とし、一人一人の児童の個性を伸ばす教育を目指している。地域は、児童に対して熱い思いをもっている方が多く、学校への協力を惜しまない風土があり、「人・もの・こと」と関わる生活科や総合的な学習の時間は充実している。豊富な人材や豊かな自然である「ほんもの体験」を充実させるとともに、体験することで得た（あるいは体験に向かう）自分の思いや考えを、思考ツールを用いて協働的に学んでいる。さらに、対話的な学習活動を通して、広げたり、深めたり、変容させたり、への研究を推進してきた。

令和三年十月七日に対面方式とオンライン方式のハイブリッド型で研究発表を行った。

〈近隣の教育・文化施設〉　妙高市は、自然と文化遺跡が混在して、冬はスキー、夏は遺跡探検や散策、登山などの体験が可能。上杉謙信公ゆかりの鮫ケ尾城跡、観音平古墳群は、見所満載である。

◇愛知県名古屋市立矢田《やだ》小学校

①藤谷浩一　②一七（特三）　③四五七　④愛知県名古屋市東区矢田南四―四―一　⑤〇五二（七二一）二五〇八　⑥地下鉄名城線ナゴヤドーム前矢田駅より徒歩三分　⑦ＨＰ㊒・無

子どもが主役となる個別最適な学びを目指して
――ＰＢＬを取り入れた探究的な学びの実践――

本校は、ナゴヤ・スクール・イノベーション事業のモデル実践校である。総合的な学習の時間および生活科において、子どもがわくわくする問いを立て、主体的に探究する学びを実践している。実践に当たっては、日本ＰＢＬ研究所のサポートを受け、先行的に導入されたタブレット端末を有効に活用している。

取組に当たっては、学びの個別化・協同化・プロジェクト化を重視する。子どもが自ら見通しをもち、地域や企業・専門家との関わりを積極的にもちながら、自己選択・自己決定することを大切にしている。教師は学びの伴走者として、子ども主体の学びをサポートする。このようにして、子どもが自ら課題に立ち向かっていく力を育てている。

〈近隣の教育・文化施設〉　近隣には、バンテリンドームナゴヤや、図書館・文化小劇場・スポーツセンターなどの公共施設、大学や私立学校、国立大学附属小中学校が集まる。

◇富山県氷見市立湖南《こなん》小学校

①金原礼子　②八（特二）　③一六〇　④富山県氷見市飯久保四七三　⑤〇七六六（九一）一二二六　⑥ＪＲ氷見駅よりタクシー一五分　⑦ＨＰ㊒・無

地域とともに「ふるさと環境教育」の推進
――学習森林「絆の森」の学びをつなぐ活動――

校区には、「絆の森」という自然豊かな森林がある。この森林が平成十四年に「国の森林整備事業」の指定となり、所有者から学校へ学びの場として提供された。生活科や総合的な学習の時間に森林を活かした自然体験活動を推進している。森では動植物の観察、城趾や古墳群の調査、竹炭作り体験等、創意工夫を重ねた活動に取り組んでいる。また、六年生と保護者が中心となり、竹林に設けられた竹ドームの舞台を活用し、地域の方を招いてコンサートを開催している。地域とともに森林の整備に取り組み、「絆の森」を中心とした学びの継承、自然環境保全に努めている。これらの活動を通して、自然に対する豊かな感性やふるさとへの愛着を育んでいる。

〈近隣の教育・文化施設〉　校区には、大伴家持の歌碑がある「布勢神社」「布勢の円山」や県指定名勝「光久寺の茶庭」がある。また、幕末の剣豪「齋藤弥九郎」の出身地であり銅像が立つ。

◇福井県美浜町立美浜西《みはまにし》小学校

①知場克幸　②七（特一）　③一三五　④福井県三方郡美浜町金山一四―一　⑤〇七七〇（三二）〇一二二　⑥JR小浜線美浜駅より徒歩二〇分、またはタクシー五分　⑦HP㊒・無

ふるさとを愛し、夢や目標に向けて努力する子
――町民とともに進めるふるさと総合学習――

本校は、ふるさとの良さや価値を児童が実感し、将来も住みたいと思えるまちの創造を目指して「ふるさと総合学習」に取り組んでいる。

近くの川や湖の環境調査や福祉体験、観光名所の見学、海岸のゴミ調査などの体験活動を足がかりに、課題を見付け、問題を解決していく探究的な学習である。学びの成果は町内の学校で互いに交流し合い、六年生ではさらに「ふるさと美浜元気フォーラム」を開催して保護者や役場職員に向けて、未来のまちの姿「ふるさと美浜元気プラン」を発信する。このようなふるさとを探究する学習は、積極的に社会に参画しようとする態度を養うとともに、郷土への誇りと愛着を育むことができると考える。

〈近隣の教育・文化施設〉　美浜町は海と湖と山々に囲まれた、自然豊かで景観の優れたところである。また、王の舞や子ども歌舞伎、水中綱引きと多くの伝統芸能が大切に受け継がれている。

◇京都府京都市立御所東《ごしょひがし》小学校

①高橋明希　②一三（特二）　③二七五　④京都府京都市上京区新烏丸通丸太町上る錦砂町二九〇―二　⑤〇七五（二一一）八四七七　⑥京都市バス、河原町丸太町駅より徒歩一分　⑦HP㊒・無

夢に向かって輝く未来を創る子どもの育成
――人との関わりを通して、自分の未来を考える――

地域や保護者の思い、願いを受けて学校教育目標「笑顔　夢　ひらめきいっぱい御所東」は誕生した。その具現化に向け、豊かな教育資源（京都御苑、鴨川、伝統文化に携わる人々等）を活用し、地域からの大きな支援・協力を得て、地域ならではの強みを生かした「総合的な学習」の充実を図っている。児童に本物との出会いをつくり、実際に体験する場面を設定し探究する。これらの一連の学習を「自分の未来を創造できる教育」と位置付けている。

「地域の子どもは地域で育てる」という思いの下、学校と地域とが共に手を取り合って学校づくりに取り組み、地域への愛着に加え、自ら地域に貢献して創造しようとする態度の育成を目指している。

〈近隣の教育・文化施設〉　京都市は、三方を山に囲まれた盆地で、町割りは碁盤の目になっており、歴史的な建物が数多く残っている。京町家が建ち並び古き良き町並みを形成している。

◇広島県世羅町立せらひがし小学校

①池岡妙子　②九（特三）　③一三二　④広島県世羅郡世羅町川尻一九八七―二　⑤〇八四七（二二）一三六七　⑥尾道松江道世羅インターで降り、車で五分　⑦HP㊒・無

地域の未来を見つめ探究的に学習する児童の育成
――PBAによる総合的な学習の時間の単元開発――

県から三か年の研究指定を受けて探究的な学習の充実に向け、甲山中学校区内三校が連携して、PBL（プロジェクト型学習）の考え方（答えのない問い、実生活・実社会の課題、社会へ還元する）を参考に、生活科及び総合的な学習の時間の単元開発・実践に取り組んでいる。

本年度は、本質的な問いを「世羅をもっと元気にするためには？」と設定するとともに、校区として育成する資質・能力の見直しを図り（「自発性」・「コミュニケーション能力」に再設定）、さらに各校で実施可能な内容から試行した。

「地域を知る」「地域に発信・提案する」「自ら地域に関わり、参加・貢献できる」児童の育成を目指し、研究を進めている。

〈近隣の教育・文化施設〉　高校駅伝強豪校である世羅高校があり、毎年駅伝シーズンになると町全体が盛り上がる。また古墳、今高野山など、歴史名所が多く、文化歴史の町とも言える。

◇栃木県足利市立御厨《みくりや》小学校

①髙野貴市　②二九（特五）　③七四三　④栃木県足利市福居町一九　⑤〇二八四（七一）二三〇三　⑥東武伊勢崎線福居駅徒歩一〇分　⑦HP㊒・無

多様性を認め、伝え合い、学び合う子どもの育成
――分かる授業、居心地よい学級づくりより――

本校は、明治六年創立の歴史ある地域の伝統校である。「かしこい子　たくましい子　やさしい子」を教育目標に掲げ、「夢をもち　自分の可能性を信じ　がんばり続けられる児童」の育成を目指している。

令和元年度まで、栃木県小学校教育研究会足利支部より特別支援教育の研究指定を受け、「多様性を認め、伝え合い、学び合う子どもの育成」を学校課題とし、その具現化のために、「分かる授業、居心地のよい学級づくり」を柱に、①つながる、②声掛け、③関わり、④事実の把握のを要に実践を通して、子どもたち一人一人の理解を深めて支える取組の試行を積み重ねている。

〈近隣の教育・文化施設〉　足利市には、日本最古の総合大学である足利学校が国指定史跡として存在する。また、本校学区内には、八木節の伝統を継承するための八木節会館がある。

◇静岡県静岡市立松野《まつの》小学校

①石原鉄也　②七（特二）　③四六　④静岡県静岡市葵区松野五九八―二　⑤〇五四（二九四）〇〇〇二　⑥JR東海道線静岡駅よりバス三〇分徒歩五分、又は静岡駅よりタクシー二五分　⑦HP㊒・無

誰一人取り残さない松野小の教育の実現を目指して
――教育のUD化とインクルーシブ教育の醸成――

中山間地の小規模校である本校の子どもたちは、何事にも真摯に取り組み、互いを思いやる優しい子が多い。今年度より複式学級及び特別支援学級（肢体不自由、知的障害）が新設されたが、通常の学級にも懇ろな個別支援や言語の指導を必要とする児童が見受けられる。

そこで、特別支援教育の視点をあらゆる教育活動に取り入れ、教育のUD化を進めるとともに、子ども同士が自然体で互いを支え合うインクルーシブな教育環境の醸成を大切にしている。静岡市教育委員会より実践的研究推進校の指定を受け、障害の有無に関わらず、支援の必要な子どもたちを誰一人取り残すことのない教育の実現を目指すべく、具体的な手だてやツールの研究を進めている。

〈近隣の教育・文化施設〉　静岡市を南北に流れる安倍川中流域に位置する松野地区はオクシズと呼ばれる自然豊かな農村地帯。市南部には静岡浅間神社、駿府城公園、久能山東照宮等がある。

◇宮崎県新富町立富田《とんだ》小学校

①蛯原博康　②二五（特四）　③六五〇　④宮崎県児湯郡新富町富田東一―七〇　⑤〇九八三（三三）一〇一一　⑥JR日向新富駅よりタクシーで三分　⑦HP㊒・無

スクールワイドPBSに基づいた教育実践
――問題行動記録シート等の活用――

スクールワイドPBS（学校全体で取り組むポジティブな行動支援）に基づいた教育実践を通して、児童の行動上の問題を減少させ、学びの土台となる落ち着いた学校生活につなげるとともに、支援の必要な児童への階層的な支援体制の構築を図ることを目的として研究に取り組んでいる。県教育委員会や宮崎大学の支援をいただきながら、問題行動記録シートを活用した支援の在り方の研究、各校務部と連携した行動目標を達成するためのキャンペーンの実施とフィードバック（年三回）、児童の委員会活動を活用した児童主体のミニキャンペーンの実施等の取組を行っている。

〈近隣の教育・文化施設〉　悠久の時を感じる富田村古墳や新田原古墳、自然豊かなアカウミガメの産卵地である富田浜海岸など、豊かな地域資源の中で子どもが育つ環境が整う新富町である。

◇青森県弘前市立大成《たいせい》小学校

①山田　司　②一六（五）　③二六四　④青森県弘前市御幸町一三—一　⑤〇一七二（三二）二五九一　⑥JR奥羽本線弘前駅より徒歩一五分、又はタクシーで五分　⑦HP㊒・無

未来を切り拓く子どもの育成
——学び合いと資質・能力ベースの授業を通して——

本校は、平成十四年に分離した二校を再統合して開校された。これまで市のインクルーシブ教育システム構築事業、ICT活用教育の協力校として実践を数多く積み上げ、平成二十九年度からはICTや思考ツールの活用による授業改善に視点をあて研究を進めてきた。

それらの成果と課題を踏まえ、令和二年度からは、主体的・対話的で深い学びの実現に向け、次の研究内容を設定し授業改善に取り組んでいる。①学び合う良さを実感でき、さらに深い学びへとつなげることができる学び合いの工夫②身に付けさせたい資質・能力を明確にした単元及び授業デザインの設計③子どもが主体的に取り組み、振り返りへとつながる見通しのある課題設定の工夫である。

〔近隣の教育・文化施設〕　学区には、国指定重要文化財の最勝院五重塔や旧弘前偕行社、太宰治まなびの家、酒造工場を改築した弘前れんが倉庫美術館等、歴史的建造物が数多く点在する。

◇青森県平川市立大坊《だいぼう》小学校

①工藤圭子　②七（特二）　③六二　④青森県平川市岩館下り松七二—二　⑤〇一七二（四四）三二二八　⑥弘南鉄道弘南線館田駅より徒歩三〇分、又はタクシーで五分　⑦HP㊒・無

自ら学び、自ら考え、自ら表現する児童の育成
——複式学級における授業実践を通して——

本校は令和三年度までは複式学級が一つ、今後は複式学級が増えていく小規模校である。

令和三年度に、地区教育事務所から「複式学級担任者研修会」会場校としての指定を受け、複式学級における授業研究を進めている。指導類型（学年別指導、同単元指導）を踏まえた年間指導計画を作成するとともに、授業には「わたり」「ずらし」を関連付けた直接指導・間接指導を取り入れている。直接指導では、デジタル教科書やタブレットの学習支援ソフト等を活用し考えを可視化して交流させたり、間接指導では、リーダー学習を導入したり、ワークシートや学習支援ソフト（個別学習ドリル）を活用したりして、主体的に考え表現する力の育成を図っている。

〔近隣の教育・文化施設〕　東に八甲田山、西に岩木山と四方山々に囲まれている。宮崎駿監督映画「借りぐらしのアリエッティ」の舞台モデルにもなった国指定名勝「盛美園」がある。

◇兵庫県洲本市立洲本第三小学校《すもとだいさん》

①松村衛人　②一五（特二）　③四一一　④兵庫県洲本市物部一―一―四九　⑤〇七九九（二二）二五三一　⑥洲本バスセンターより徒歩二〇分　⑦ＨＰ㊒・無

やる気を育て、主体的に学ぶ児童の育成
――主体的・対話的で深い学びの授業づくり――

本校は、兵庫県数学教育会令和三年度研究大会での公開授業にあたり、算数科を中心に主体的・対話的で深い学びの授業づくりに向け研修を進めてきた。

「聞き方」「話し方」などの学習習慣の定着と本校の学習過程スタンダードを軸に「課題を明確にする」「見通しをもたせ一人学びをさせる」「課題解決の際にペアやグループを活用し一人一人が説明する場面をつくる」「適切な問い返しで深い学びにつなげる」等を全職員で共通理解し、算数科を中心に教育活動全体で取組を進めている。

今後は、一人一台のタブレットを効果的に活用し、「知っている」だけでなく、「活用できる」「発信できる」力を育てていきたい。

〈近隣の教育・文化施設〉　近隣の「旧益習館庭園」は淡路島を代表する武家庭園で、石切場跡を庭園とした成り立ちが評価され、平成三十一年に淡路島の庭園として初の国名勝に指定された。

◇山形県山形市立蔵王第一小学校《ざおうだいいち》

①齋藤正弘　②一五（特二）　③三六八　④山形県山形市成沢西四―三―一七　⑤〇二三（六八八）二二一〇　⑥ＪＲ奥羽本線蔵王駅より徒歩二一分、又はタクシー五分　⑦ＨＰ㊒・無

主体的に学ぶ子どもの育成
――対話的な学びを通して――

本校では、教育目標「自ら学びたくましく生きる子ども育成」の下、平成三十年度より、深い子ども理解と互いに学び合おうとする学級づくり、授業づくりを基盤に置きながら、探究学習を通した「主体的に学ぶ子どもの育成」を主題とする研究に継続して取り組んでいる。実践を重ねる中で、課題や友達に真摯に向き合う子どもの姿が見られるようになってきた。

令和元年度より「対話的な学びを通して」と副主題を設定し、対話の対象を人に限らず、もの（教材文・学習対象）・経験・自分へと広げ、主体的に課題に取り組み、対話し、まとめ・振り返ることで価値ある学びになるよう研究を進めている。

令和三年十月十六日に全体授業研究会を実施した。

〈近隣の教育・文化施設〉　院内学級が設置されている山大医学部の他、東海山形高校、明正高校、蔵王一中などがある文教地区に位置する。学区内には、史跡成沢城跡や神社仏閣が点在する。

◇福島県会津若松市立鶴城《かくじょう》小学校

①山岸　実　②一七（特五）　③二七三　④福島県会津若松市東栄町七―七　⑤〇二四二（二七）〇七四一　⑥ＪＲ磐越西線会津若松駅より徒歩二五分、又はタクシーで一〇分　⑦ＨＰ㊒・無

いきいきと輝く自分をつくる子どもの育成
――仲間と協働して高め合う学びを通して――

研究主題「いきいきと輝く自分をつくる子どもの育成」研究副主題「仲間と協働して高め合う主体的・対話的で深い学び」のもと、「子どもからはじまり　子どもにかえる」を合い言葉に子どもの学びを中心に据えた実践に取り組み十一年目となる。子どもの「ききあう」「つながる」「みえる」姿を大切にして「みとり」からとらえた事実をもとに学習指導案の「自分をつくるプラン」を作成している。教師は「教師の教えたいこと（教えるべきこと）」を「子どもの学びたいこと」へ転化させ、コーディネート役を務めながら協働的な学びを通して「深い学び」につなげていくことに力を注いでいる。

令和四年十月十四日に第四十八回公開研究会の予定。

〈近隣の教育・文化施設〉　戊辰戦争で新政府軍との激しい攻防戦に耐えた名城鶴ヶ城や県立博物館に近く、国や県指定文化財が多数ある。白虎隊で有名な飯盛山まで車で十分。

◇福島県郡山市立橘《たちばな》小学校

①柳沼啓之　②一六（特三）　③三七二　④福島県郡山市堤下町四―四　⑤〇二四（九三二）五二九五　⑥ＪＲ郡山駅より徒歩二〇分、又は郡山駅よりバス、タクシーで一〇分　⑦ＨＰ㊒・無

確かな学びを実現する橘の授業
――協同の学びの実現を通して――

本校は、創立百一周年を迎える学校であり、脈々と「すべては橘の子どもたちのために」という思いが貫かれ、三十年以上にもわたり自主研究公開を実施している伝統校である。

令和元年度からは、研修主題「確かな学びを実践する橘の授業」を掲げ共同研究を実践している。研究の重点としては、『橘の授業を貫く「確かな学び」の追究』『「確かな学び」を支える「協同の学び」の実現』『「協同の学び」の実現に向けた「聴き合う関係性の構築」』を柱とし研究を推進している。また、子どもの学びの過程を重視することで、子どもの姿から「子どもの確かな学び」を実現する授業の在り方を明らかにするために日々の授業に取り組んでいる。

〈近隣の教育・文化施設〉　近隣には、明治時代の国営事業の第一号の開拓の記念である麓山公園（国の有形文化財）がある。また、郡山市民文化センター、図書館等があり文教地区である。

◇茨城県潮来市立牛堀《うしぼり》小学校

①篠塚一典　②一一（特四）　③二二一　④茨城県潮来市堀之内一二一九―一　⑤〇二九九（六四）五五三六　⑥ＪＲ鹿島線潮来駅よりタクシーで約一〇分　⑦ＨＰ㊒・無

一人一人の力を発揮し、協働し高め合う学校づくり
――個別最適な学び　特別支援教育――

児童及び教職員の一人一人が最大限に力を発揮し、協働し高め合う学校を目指し、個別最適な学びと特別支援教育に力を入れている。

個別最適な学びとしては、一人一台端末を活用し、授業での効果的な活用や特別支援学級での個に応じた学習を推進している。また、臨時休業期間中におけるオンライン学習では有効性が確認され、以後家庭学習でも活用している。個別最適な学びを推進し、学力向上を図っていく。

小規模校の強みを生かし、特別支援教育に関する研修や協議を全職員で計画的に行い、チーム支援体制で取り組んでいる。児童や保護者に対して合理的配慮を普及させ、インクルーシブ教育を推進していく。

〈近隣の教育・文化施設〉　潮来市は霞ヶ浦、北浦、北利根側に囲まれている。「あやめ園」には、毎年多くの観光客が訪れる。また、島崎城跡や多くの寺社仏閣がある。

◇栃木県栃木市立合戦場《かっせんば》小学校

①庄司秀樹　②一四（特二）　③三一五　④栃木県栃木市都賀町合戦場三〇一　⑤〇二八二（二七）二二三七　⑥東武日光線合戦場駅より徒歩一〇分　⑦ＨＰ㊒・無

学びに向かう力を高める学習指導の在り方
――かかわりを通して考えを深める児童の育成――

本校は、令和二～四年度、栃木市教育委員会の学力向上研究指定を受け、他の都賀地区小中学校とともに、学力向上に向けた授業改善について研究を進めてきた。

昨年度、学びのユニバーサルデザイン協力員（ＵＤ協力員）が配置され、学びにくさを抱える児童への関与観察を通して、個に応じた指導法の助言を得ている。

また、本年度より学力向上推進リーダーが配置され、授業の流し方、発問や板書の工夫など、授業の在り方について担任と話し合っている。ねらい（ゴール）を授業者が明確にもつこと、児童とともに目当てを立て学習への内発的動機付けを高めること、終末の振り返りで児童自身の変容に気付かせることの大切さを確認してきた。

〈近隣の教育・文化施設〉　日立創業者小平浪平《おだいらなみへい》は本校卒業生であり、生家が今も残っている。戦国時代宇都宮氏と皆川氏の合戦があり、両軍三百十名の死者を祭った「升塚」は徒歩十分。

◇埼玉県さいたま市立つばさ小学校

①横溝佳昭　②三五（特四）　③一〇九二　④埼玉県さいたま市北区宮原町三―九〇二―四　⑤〇四八（六六一）〇二八三　⑥JR埼京線（川越線）日進駅より徒歩六分、又はJR高崎線宮原駅より徒歩一〇分　⑦HP㊒・無

さいたまSTEAMS教育
――教科横断的な視点で問題を解決する力の育成――

さいたま市では、Sportsの〝S〟を加えて「STEAMS教育」とし、「プログラミング的思考を育む内容を三時間」、「創造性を育む学習を六時間」、計九時間を「STEAMS　TIME」として、モデルプランを中心に学習する。そこで本校では、一層の深化・発展したSTEAMS教育学習を目指し、①教科横断的な学習や探究的な学習を通常の教科指導の中で取り入れ、児童の力を醸成する研究、②学習課題（題材）を子どもたちの身近な生活の場面等から選定し、話し合い活動を中心とした協働学習とタブレットPCを活用した探究的な学習が、プロセスを重視した形で展開できる授業づくりについて、研究を行っている。

〔近隣の教育・文化施設〕　鉄道博物館、造幣さいたま博物館、さいたま市大宮盆栽美術館、大宮盆栽村がある。また「武蔵一宮氷川神社」は全国約二百八十社の氷川神社の発祥の神社である。

◇長野県王滝村立王滝《おうたき》小学校

①宮坂　寛　②五　③一三　④長野県木曽郡王滝村二七五三　⑤〇二六四（四八）二四〇四　⑥JR木曽福島駅よりバスで三〇分　⑦HP㊒・無

自律的に学ぶ子どもを育成する授業づくり
――単元内自由進度学習の取組――

小規模校である本校には、「児童の活動の制約」「人間関係変換の難しさ」「教師支援が受動的態度を育てる」などの課題がある。これをあえてプラスととらえ取り組んでいるのが、単元内自由進度学習である。これは指導に先立ち学習のねらいを設定し、学習活動をある程度コントロールするものの、展開する中で興味や関心に基づき横道にそれるもある程度認め、自らのペースで自力で取り組む方法である。自己学習力や自己肯定感の高まり、自然発生的な学び合い、個に応じた支援（個別最適な学び）が期待され、異学年集団での学び（探究的な学び）や他校との学習（遠隔合同学習、集合学習）、総合的な学習（地域学習）などの実践も積み重ねている。

〔近隣の教育・文化施設〕　御岳山の麓、檜美林が広がり、銀河村や森きちオートキャンプ、おんたけ湖や自然湖のカヌー、MTBレースやトレイルランニング、スキーと一年通じて楽しめる。

◇静岡県浜松市立篠原《しのはら》小学校

①結城和則　②二九（特五）　③七一六　④静岡県浜松市西区篠原町一〇三〇〇　⑤〇五三（四四七）二〇〇九　⑥ＪＲ東海道線高塚駅より徒歩三五分、又はタクシーで六分　⑦ＨＰ㊒・無

自ら学びを創る子どもの育成
――主体的・対話的で深い学びの実現――

令和三年度は、授業改善に対する教員の意欲向上を目指し、校内研修の改善に焦点を当てた取組を進めた。学習指導要領改訂の経緯や、学習指導要領総則、指導と評価の一体化等への理解を深める研修では、常に教師同士の対話を中心に設定し、若手もベテランも協働的に学び合える雰囲気を大切にした。また、各教員の課題意識をもとに研修グループを組織し、自己の課題を追求する研修を進めた。さらに、毎回の学びを蓄積していく「研修振り返りカード」を活用し、自己の学びと意識の変容を可視化することで、意欲の向上を図った。今後は、授業改善に対する教員の意欲と児童の学習状況を共に数値化して分析し、研究の評価と改善を図っていく。

〈近隣の教育・文化施設〉　浜松市は世界に名立たる楽器メーカーが立地し、楽器のまちとして知られている。浜松市楽器博物館には世界の楽器一三〇〇点が展示されている。

◇静岡県焼津市立黒石《くろいし》小学校

①宮澤礼子　②二三　③六八三　④静岡県焼津市大住一二四六　⑤〇五四（六二九）四八五五　⑥ＪＲ東海道線西焼津駅よりタクシー八分　⑦ＨＰ有・㊮

子どもの主体性を大事にした教育活動の創造
――「対話」とＩＣＴの効果的な活用を通して――

本校は「豊かな心でたくましく生きる子」を教育目標に掲げ、家庭や地域、関係機関等とのつながりを大事にしながら教育活動を進めている。令和三・四年度の焼津市教育研究校に指定されており、子どもの主体性を大事にした教育活動を推し進めるとともに、ＩＣＴの特性を生かした効果的な活用の在り方についても研修を深めている。

授業においては、考えを深める「対話」と学びが実感できる「振り返り」を重点とし、子どもたちに付けたい資質・能力が育まれているかどうかの検証を進めてきた。今後更に、対話の目的の明確化や対話の形態の工夫、子どもの思考をつなげる教師の支援の在り方に着目し、研究を深めていく予定である。

〈近隣の教育・文化施設〉　「怪談」で有名な明治の文豪小泉八雲が、その風景と善良なる人々に惚れ込んだという港町焼津。八雲の足跡や作品などを紹介する「小泉八雲記念館」がある。

◇愛知県日進市立竹《たけ》の山《やま》小学校

①佐藤尚武　②二一（特四）　③四九六　④愛知県日進市竹の山四―五〇二　⑤〇五六一（七五）五三三〇　⑥地下鉄本郷駅よりバス一三分徒歩一一分、又は本郷駅よりタクシー一五分　⑦ＨＰ㊒・無

深く考え、ともに高め合う竹っ子の育成
――振り返り・問い・外化を意識した授業――

本校の子どもたちの授業での様子を見ると、受け身の姿勢が目立ち、自分の考えを進んで表現できる児童は少ない。その原因として、「なぜ・どうして」そうなるのか事由の理由を考えたり言ったりすることに慣れていないことが考えられる。このような状況のままでは、学びに深まりが生まれないのではと思い、目指す児童像を「仲間とともに、考えを広げ深めることができる子」とした。目的に応じた「振り返り」、追究させる「問い」、自分の考えの「外化」を意識した授業を柱に、二年間の実践を進めていく。

〈近隣の教育・文化施設〉　日進市には、日進市の戦国時代の様子を今に伝える貴重な城址、岩崎城がある。校区の周辺には、椙山女学園大学、愛知学院大学などの複数の大学がある。

◇愛知県名古屋市立野跡《のせき》小学校

①佐野知章　②一八（特二）　③一八〇　④愛知県名古屋市港区野跡一―四―一一　⑤〇五二（三八二）五四二二　⑥名古屋臨海高速鉄道あおなみ線野跡駅より徒歩一〇分　⑦ＨＰ㊒・無

できる喜び・楽しさを実感する学びづくり
――協働的な学びと個別最適化した学びを通して――

民間企業や専門機関の力を学校教育に生かす取組、名古屋市スクールイノベーション事業「マッチングプロジェクト」の推進校として実践に取り組んでいる。本校は、子どもが「学校に行きたい」「学校が楽しい」と思う学校を目指して、二つの側面からアプローチしている。

一つは、「勉強が分かる・授業が楽しい」ことである。算数科を軸としてＩＣＴを活用し、協働的な学びと個別最適化した学びの両立を図り、子どもの「できる」を引き出そうとしている。

もう一つは、「自分のよさが友達に認められる」ことである。タブレットの活用や近隣校との遠隔授業を通して、自分の考えを伝えたり、友達の考えを認め合ったりする学びを展開している。

〈近隣の教育・文化施設〉　港湾地区に位置し、校区の大半を埠頭が占めている。校区にはラムサール条約登録湿地である藤前干潟やリニア鉄道館、レゴランド・ジャパンなどがある。

◇三重県紀宝町立井田《いだ》小学校

①竹本靖史　②八（特二）　③一〇五　④三重県南牟婁郡紀宝町井田一七八七―二　⑤〇七三五（三二）二〇〇四　⑥JR紀勢本線紀伊井田駅より徒歩七分　⑦HP有・無

一人一人の学びを大切にした授業の創造
――協同的な学びによる授業改革――

本校では、平成二十二年度より「学びの共同体」のビジョンのもと、協同的な学びによる授業改革について研究を続けている。研修内容としては、①協同的な学び（グループ・ペア・全体学習）を通して全ての子どもに学びを保障していくための具体的実践　②子ども同士がつながり合う（聴き合う関係・ケアの関係）ための教師の支援の在り方　③各教科の特性を生かした教材のとらえ方と課題設定、等について研修を進めている。そのために全教員が授業公開を行い、子どもの変容を検証することで教師の授業力を高めていくと同時に、授業公開には学習院大学佐藤学特任教授や学びの共同体スーパーバイザーを招聘し、助言をいただいて研修を深めている。

〈近隣の教育・文化施設〉　校区海岸は、日本一長い砂礫海岸の七里御浜の一部で、アカウミガメが産卵する。校区に全国で唯一ウミガメの水族館がある道の駅「紀宝町ウミガメ公園」がある。

◇滋賀県近江八幡市立八幡《はちまん》小学校

①福村直樹　②三二（特一〇）　③七一九　④滋賀県近江八幡市本町五―五　⑤〇七四八（三三）三一七四　⑥JR琵琶湖線近江八幡駅よりタクシー五分、バス一〇分、徒歩二〇分　⑦HP有・無

「読み解く力」の育成を目指した教科指導の研究
――児童が学びを実感できる学習過程の工夫――

本校は、令和五年度に創立百五十周年を迎える伝統校である。歴史、文化、まちづくり等、豊富な学習資源を有する。令和二年度からは滋賀県が進める重点施策、「読み解く力」の育成に重点を置いた授業改善に取り組んでいる。教師が「読み解く力」の構造を理解し、児童自身が「何を」「どのように学んだか」という視点で学びを実感できるようにするため、学習過程を工夫している。

また、学びの場を整えるため、学習ルールや授業スタイル、学習用具について教師が共通理解し、その定着を図っている。令和二年度三学期からは、高学年における「教科担任制」を導入しその効果を検証するとともに、家庭学習の在り方の見直しを進めている。

〈近隣の教育・文化施設〉　安土城、八幡城の城下町、近江牛の生産地、琵琶湖の内湖のヨシ群落、観光客数県内一位のラ・コリーナ等、歴史・環境・観光が注目されている。

◇大阪府東大阪市立縄手《なわて》東《ひがし》小学校

①松浦謙一　②一八（特六）　③三六三　④大阪府東大阪市河内町二―六　⑤〇七二（九八七）六三二一七　⑥近鉄奈良線瓢箪山駅より徒歩八分　⑦ＨＰ㊒・無

主体的　対話的　深い学び

「Ｓ・Ｔ・Ｆの実現に向けて」
――見通しから根拠がもてる授業づくり――

本校は大阪府教育委員会より指導方法の工夫改善定数加配を受け、算数科の少人数指導に活用している。ここ数年、各学年二学級編制であることから、三年生から六年生の算数の時間は二学級三分割を基本とした習熟度別学習に取り組んでいる。

算数科の少人数指導を通して、児童一人一人の個性や学習状況に応じた多様な学習活動を展開している。教師にとっては、児童の表情やつぶやき、活動の様子を敏感にとらえ、きめ細かに指導することが可能となり、これまで以上に算数科の授業の可能性が広がっている。また、一人の教員が四学年担当しているので、各学年団と話し合いを重ね、より系統だった指導を進めることができる。

〈近隣の教育・文化施設〉　東大阪市はラグビーの聖地の花園ラグビー場がある「ラグビーのまち」として、また技術力の高い中小企業が多数立地するものづくりのまちである。

◇和歌山県印南町立稲原《いなはら》小学校

①橋本　光　②七（特一）　③七二　④和歌山県日高郡印南町印南原四九五五―一　⑤〇七三八（四四）〇二〇五　⑥ＪＲ紀勢本線稲原駅より徒歩一五分　⑦ＨＰ有・㊍

自分の考えをもち、共に深め合う子どもの育成
――学び合いを支える指導方法の工夫ＩＣＴ活用――

本校は、稲原という字の如く、校区に田畑が広がる自然豊かな環境の中に位置する。子どもたちは明るく素直ではあるが、自ら行動したり、人前で自分の思いを伝えることが苦手という課題があった。そこで教育目標を「自分の考えをもち、共に深め合う子どもの育成」とした。そして一人一台の教育用端末などＩＣＴ環境が整ったことをきっかけに、目標達成の一つのツールとしてＩＣＴ活用に取り組んだ。「まず慣れるということで、いつでも使える場の設定を」「日常的に互見授業を行うことで使用方法の共有化を」『朝の会や終わりの会ではタブレットを使ったプレゼンを』などの取組を習慣化し、令和三年十一月には町指定の研究発表会を実施した。

〈近隣の教育・文化施設〉　江戸時代に鰹節製造の先駆者として活躍した「角屋甚太郎」「森弥兵衛」「印南與市（土佐與市）」が印南漁民三人衆として知られ、その顕彰碑が印南漁港にある。

◇和歌山県新宮市立熊野川《くまのがわ》小学校

①山本佳人　②五（特一）　③三八　④和歌山県新宮市熊野川町日足五七〇　⑤〇七三五（四四）〇三一三　⑥JRきのくに線新宮駅よりバスで四五分、又はタクシーで三五分　⑦HP㊒・無

主体性を育むガイド学習を取り入れた授業づくり
――見方・考え方を働かせる国語科の指導を通して――

本校は、平成三十年度より二年間、和歌山県へき地複式教育研究協議会の研究指定を、令和三年度より二年間、新宮市教育研究会の研究指定を受け、ガイド学習を基本とした複式教育を研究している。

児童は、授業の進め方が書かれているガイドに沿って自分たちで学習を進めているが、教師による指示や説明を待つ姿も目立つ。そのため、児童が自ら課題を見付け、解決の方法を話し合い、目当てに到達する自律型学習を目指している。ガイドに記載する指示や説明を精査し、ガイド学習への手だてを学校全体で統一、系統化することで児童が主体的に学習活動に取り組む姿勢と学習環境が整うと考え、国語科に主眼を置いて研究を進めている。

〈近隣の教育・文化施設〉　本校は、世界遺産「紀伊山地の霊場と参詣道」の地域内にあり、熊野本宮大社、熊野速玉大社には自家用車で二十分。世界遺産センター等関連文化施設も多い。

◇島根県益田市立高津《たかつ》小学校

①中島恵治　②一八（特三）　③四一三　④島根県益田市高津一―三四―一　⑤〇八五六（二二）〇七三三　⑥JR益田駅よりタクシーで一〇分　⑦HP㊒・無

一人一人の学びを保障する授業改善
――楽しみながら自分自身を伸ばそう――

本校は、平成三十一年（令和元年度）より、島根県の「『主体的・対話的で深い学び』を実現するための授業改善プロジェクト」の指定を受け、算数科と特別活動を中心に研究を進めている。

令和三年度には目指す子ども像に、算数科では「もっと学びたいと思う子」、特別活動では「自分の考えも他者の考えも大切にする子」を掲げ、一人一人の学びを保障するための授業改善に取り組んだ。子ども一人一人の学びを保障するために、「対話を通して個の学びを高めること」「子ども同士、子どもと教師がつながりを共有しながら学級力を高めること」「職員の同僚性を高め協働して指導にあたること」を大切に、日々の実践を重ねている。

〈近隣の教育・文化施設〉　益田市は、中世を中心とした歴史の魅力が認められ、日本遺産に認定された。校区には、万葉集や百人一首などで有名な柿本人麻呂を奉る柿本神社がある。

◇島根県安来市立比田《ひだ》小学校

①川本　徹　②四（特一）　③三一　④島根県安来市広瀬町西比田一六五九―一　⑤〇八五四（三四）〇〇一四　⑥JR安来駅より車で四〇分　⑦HP㊒・無

自分の考えをもち、ともに学び合う子どもの育成
――個や集団の学びを生かした算数科の複式授業――

本校は、児童数三十一名の小規模校である。令和三年度は島根県複式教育推進指定校事業を受け、「自分の考えをもち、ともに学び合う子どもの育成」を主題に算数科の研究を進めている。

個の学びとして、子どもたちが絵や図、言葉など様々な表現方法を活用して自分の考えをもち表現する姿、集団の学びとして、互いに考えを伝え合い、見方や考え方を広げていく姿を目指している。「ガイド学習の手引きを活用した学び方」、「課題設定や課題提示の仕方」、「ICTの活用」、「対話を通して考えを再構築する場の設定」などを研究の視点として、課題に対して自分の考えをもち、課題解決に向けて互いに学び合うことができる授業づくりに取り組んでいる。

〈近隣の教育・文化施設〉　市内にはたたら製鉄の歴史や現代の安来鋼を紹介する「和鋼博物館」、国指定史跡で日本百名城に選定された「月山富田城跡」、「安来節演芸館」がある。

◇岡山県備前市立香登《かがと》小学校

①吉本隆志　②八（特二）　③一一七　④岡山県備前市香登本九〇八　⑤〇八六九（六六）九〇〇三　⑥JR赤穂線香登駅より徒歩一〇分　⑦HP㊒・無

根拠をもち考えを広げたり深めたりする児童の育成
――学習者用デジタル教科書の活用――

令和三年度、市教育委員会より新しいタブレットが一人一台配付された。同時に、本校は国語科の学習者用デジタル教科書を市教育委員会の同意を得て教科書会社から貸与する形で一年間無料の使用が可能となった。そこで、主体的・対話的で深い学びを追求すべく研究テーマを設定し、国語科において学習者用デジタル教科書の活用を模索した。高学年では、考えの根拠となる文を簡便に視覚化・共有化し集約・再配布するなど各自の考えを広げたり深めたりする活動においてデジタル教科書のメリットを効果的に生かした授業研究を進めた。低・中学年では、学年の発達段階や個のタブレット使用スキルに応じた指導・支援の工夫について研究している。

〈近隣の教育・文化施設〉　備前市には、現存する世界最古の庶民のための学校「旧閑谷《しずたに》学校」がある。隣接する岡山県青少年教育センター「閑谷学校」では宿泊研修も行われている。

◇広島県庄原市立東城《とうじょう》小学校

①山口美穂　②九（特二）　③二二八　④広島県庄原市東城町川東一三四二　⑤〇八四七七（二）〇三三九　⑥JR芸備線東城駅よりタクシーで五分、又は中国自動車道東城ICより車で三分　⑦HP㊒・無

主体的に学ぶ児童の育成
——学習のつまずきの解消に向けた授業改善——

本研究は、広島県「小学校低学年段階からの学ぶ喜びサポート校事業」を受けての実践である。低学年段階における学習のつまずきを多面的に把握し、児童一人一人の「分かった」「できた」という達成感を重視した個別の学習支援に取り組んでいる。具体的な取組として、国語科・算数科における学習支援の工夫とランチスタディー（給食前）・放課後学習などの個別指導を実施している。今年度のランチスタディーには六年生も指導者として参加している。

これらの取組を通して、児童が小さな成功体験を積み重ね、自己肯定感を高められるよう支援を行っている。全教職員で児童の実態を共有し、組織的な学習支援による学力の向上を目指している。

〔近隣の教育・文化施設〕　庄原市は、中国山地に位置し、多くの自然に囲まれている。「比婆荒神神楽《ひばこうじんかぐら》」「塩原《しおはら》の大仙供養田植《だいせんくようたうえ》」などの無形民俗文化財も多く、児童の学習材となっている。

◇香川県丸亀市立城西《じょうせい》小学校

①森山敬三　②二〇（特二）　③五二二　④香川県丸亀市六番丁一二　⑤〇八七七（二二）九二六七　⑥JR丸亀駅より徒歩一〇分　⑦HP㊒・無

納得するまで追究、みんなで考え、解決する子
——理科の見方・考え方、生き方を支える概念——

平成三十年度に四国理科教育研究発表大会香川大会の会場校として「理科の見方・考え方を働かせて問題解決する支援」について研究発表を行った。それを土台に現在、『納得するまで追究し、みんなで考え、解決しようとする子の育成　～「あれっ」「きっと」「ということは…」「それなら…」が続く理科学習～』を研究主題に研究を進めている。研究の重点は、①生き方を支える概念を志向した授業、②見方・考え方を土台とし、子どもの意識の流れを大切にする授業、③立ち止まらせる場面を明確にする授業の三点である。

令和四年には、全国小学校理科研究協議会研究大会香川大会の会場校として、研究発表を行う予定である。

〔近隣の教育・文化施設〕　学校は、現存十二天守閣の一つ石垣の美しさで有名な丸亀城の西側に隣接している。丸亀駅前には猪熊弦一郎現代美術館がある。

◇愛媛県宇和島市立天神《てんじん》小学校

①篠原大介　②七（特一）　③一七四　④愛媛県宇和島市丸穂甲九七八　⑤〇八九五（二二）〇四二八　⑥ＪＲ宇和島駅より徒歩一五分、又はタクシーで五分　⑦ＨＰ㊒・無

自らの体力の向上及び健康増進を図る児童の育成
――投げる能力と敏捷性の向上を目指して――

本校は、平成三十年度から愛媛県教育委員会の「小学校体育専科教員配置校」の指定を受け研究を進めている。体育専科教員による学級担任の体育の授業の指導力の向上と授業改善を進めるとともに、本校児童の体力の向上と運動習慣や生活習慣の改善に努めてきた。新体力テストの結果から本校児童の課題として、全国平均と比較すると、投げる能力や柔軟性、敏捷性が低いことが明らかになった。楽しく運動に取り組むことができるよう授業改善を進め、少しずつではあるが成果が出てきている。

本年度は、四年生における「フラッグフットボール」を研究推進の中心単元として位置付け、投げる能力や判断力、敏捷性の向上を目指した授業を行った。

〈近隣の教育・文化施設〉　本校から徒歩十五分、ＪＲ宇和島駅横に、図書館、子育て支援、生涯学習という三つの機能を併せもった市民の新しい活動拠点である「パフィオうわじま」がある。

◇佐賀県佐賀市立神野《こうの》小学校

①青柳正文　②三一（特七）　③七七六　④佐賀県佐賀市神野西二―四―八　⑤〇九五二（三〇）四二五五　⑥ＪＲ佐賀駅より徒歩八分　⑦ＨＰ㊒・無

一人一人を大切にする日本語指導の在り方
――主体的に学び、活動する児童を育む――

ルーツが外国につながる児童や帰国子女が、在籍学級において意欲的に活動できる環境作り及び基礎的な学力の習得を目指し、日本語指導担当者を中心に指導の在り方を研究・実践している。日本語指導推進のために、在籍学級の担任、日本語指導担当、管理職で学習活動内容を共有し、保護者との情報共有を行うなど、指導体制を整えている。在籍学級においては、年に数回の多文化共生教育を行い、困り感をもつ児童の理解を進めている。全職員を対象にした校内研修を実施したり、他校の担当者とも打合せを行ったりして支援体制も強化している。

また、年に数回、授業公開を行う。地区別研修会に参加したり研鑽を深めている。

〈近隣の教育・文化施設〉　市内には、大隈重信記念館や佐野常民と三重津海軍所跡の歴史館など、日本の歴史に大きく関わった人物をテーマにした記念館がある。

◇長崎県対馬市立乙宮《おとみや》小学校

①竹村静雄　②五（特二）　③一六　④長崎県対馬市豊玉町曽一　⑤〇九二〇（五八）〇一六〇　⑥対馬空港よりタクシーで三〇分　⑦HP㊒・無

複式指導における主体的・対話的な学びを目指して
――児童同士で学び合う乙宮授業スタイルの構築――

本校は明治八年創立の歴史ある伝統校である。漁師町を校区にもち、無数の大漁旗が大空にはためく運動会は地域のシンボル的な行事となっている。令和二年度より対馬市教育委員会「複式教育」研究の指定を受け、「複式指導における主体的・対話的な学び」を目指して、指導法及び児童の学びの意識改革の両面から授業改善研究に取り組んでいる。

本校では、主体的・対話的な児童同士の学び合いが展開される複式授業を「乙宮スタイル」と位置付け、主体的な学びへと導く仕掛けづくりと間接指導場面における対話的な学習の充実を中心に日々の授業実践を行っている。教育活動や研究の様子を日々ブログで公開し、地域・家庭と研究成果を共有している。

〈近隣の教育・文化施設〉　対馬市には、NHK「日本最強の城スペシャル」において「最強の城」に選ばれた古代山城・金田城跡がある。飛鳥時代の防人が築いた石塁が今もなお残っている。

◇熊本県菊池郡大津町立大津《おおづ》小学校

①宮脇真一　②二九（特七）　③七六七　④熊本県菊池郡大津町引水二一〇　⑤〇九六（二九三）二〇六五　⑥JR豊肥本線肥後大津駅より徒歩一五分、又は肥後大津駅よりタクシー五分　⑦HP㊒・無

夢中で学び、高め合う児童を目指して
――授業力向上のための改善サイクルを通して――

本校は平成二十六年度から四年間、文部科学省研究開発学校として「生活数理」の開発に取り組んできた。

「生活数理」は、教科・科目の枠にとらわれない多角的複合的な視点で事象をとらえる力や、粘り強く行動し、課題の解決や新たな価値の創造に向けて積極的に挑戦しようとする態度を養う新教科である。

具体的には「数理的な処理を必要とする課題を見付け、見通しをもつ力」「数理的な処理をもとに情報を選択・分析する力」「数理的な根拠をもとに主張する力」「数理的な生活経験をもとに意思決定する力」が養われる。これは新学習指導要領解説における「算数・数学の学習過程のイメージ」の図に通じており、授業実践の礎となっている。

〈近隣の教育・文化施設〉　雄大な阿蘇を正面に臨み、自然豊かで緑が多い大津町運動公園（スポーツの森・大津）がある。町内には県立学校が三校あり、校種間の連携・協力が充実している。

◇大分県津久見《つくみ》市立津久見小学校

①徳丸克己　②一一（特一）　③二四五　④大分県津久見市立花町一―七　⑤〇九七二（八二）五二〇一　⑥JR九州日豊本線津久見駅より徒歩一〇分　⑦HP㊒・無

主体的に学ぶ子どもを育むために
――課題設定と振り返りの工夫を通して――

学校教育目標「他を思いやり学ぶ楽しさをもって挑戦する『つくみっ子』の育成」の実現に向け、令和元年度から三年生以上で教科担任制を実施し、三年目となる。教科担任制を推進することで、より効果的・効率的に授業をし、個々の学力向上並びに生徒指導を充実させることができている。板書や学習規律の統一化と徹底、発達段階に応じた学習ルールの共通化、共感的人間関係を育むための「聴き方・伝え方シート」の活用、全教諭一回以上の互見授業の実践等を取り入れ、随時研究部を中心に改善を図りながら進めている。

成果の例として、各種学力テストにおいて目覚ましい結果を出すことができているし、不登校も0人であることも挙げられる。

〔近隣の教育・文化施設〕　津久見市は漁業、セメント、みかん生産が盛んである。津久見市民図書館、津久見市総合運動公園、津久見市民会館、大友宗麟墓地公園等がある。

◇茨城県水戸市立梅《うめ》が丘《おか》小学校

①豊田雅之　②二二（特七）　③七〇一　④茨城県水戸市姫子一―八二七―二　⑤〇二九（二五三）〇〇九八　⑥赤塚駅南口より茨城交通バス水戸駅行　表町入口下車徒歩一分　⑦HP㊒・無

教職員のコミュニケーション能力の向上
――「教職員研修ツール」の開発と実践を通して――

本校は令和二・三年度、茨城県教育研修センターの「教育相談に関する研究」の研究協力校として、「児童や保護者、教職員同士の信頼関係の構築が不可欠であり、教職員のコミュニケーション能力の向上が必須である」という考えのもと、『感情のマネジメント（SEL）』に焦点をあてた教職員研修ツールの開発、研修及び実践に取り組んでいる。

研修では、「共感的理解」「アサーション」などの教育相談のスキルを学びつつ、学年ごとに輪番で自分たちが課題とする場面を設定し、ロールプレイを行っている。演者の感情に焦点をあてて意見を出し合った後にグループで再度ロールプレイを行い、最後に全体で共有するという研修を重ねている。

〔近隣の教育・文化施設〕　水戸徳川家所縁の地である水戸市には、大河ドラマ「青天を衝け」でも注目された徳川慶喜、徳川斉昭に関する場所として、偕楽園、千波湖、弘道館がある。

Ⅳ　施設・設備・教育環境

●学校図書館

● ICT 環境

●その他の教育環境

◇山形県飯豊町立第一《だいいち》小学校

①平田史彦　②八（特二）　③一六一　④山形県西置賜郡飯豊町大字萩生六七七　⑤〇二三八（七二）二二七七　⑥ＪＲ米坂線萩生駅より徒歩一二分　⑦ＨＰ㊒・無

みんなの願い「美しい心　丈夫な体」を育む学び舎
――本に親しみ、世界を広げる図書館経営――

　斬新かつ機能的、そして地場産の杉を多用した温もりある新校舎が、平成二十八年に竣工した。新校舎の利点を生かし、地域、学校の願いである校是「美しい心　丈夫な体」の体現を進めている。図書ホールは、書架とブラウジングコーナーが一体となった開放感抜群の吹抜空間にあり、児童の居場所である。

　図書ホールには学校司書が常駐し、月ごとにテーマを設けて環境構成や啓発活動を行っている。朝の全校読書や多様な読書目標の設定と評価、週一回の地域ボランティアサークルによる読み聞かせ、月一回の家族読書週間、年一回の読書祭りなど、学校、家庭、地域が一体となって豊かな感性を育む読書活動を推進し、美しい心につないでいる。

〈近隣の教育・文化施設〉　第一回美しい日本のむら景観コンテスト最高賞に輝いた「田園散居集落景観」が楽しめるどんでん平ゆり園、写真家のあこがれである白川湖の水没林がある。

◇福島県双葉郡葛尾村立葛尾《かつらお》小学校

①星　輝伸　②三　③八　④福島県双葉郡葛尾村大字落合字西ノ内五〇　⑤〇二四〇（二九）二〇〇三　⑥ＪＲ磐越東線船引駅から北東へ約二五キロ、又は船引駅よりバス葛尾行約四〇分西ノ内下車　徒歩五分　⑦ＨＰ㊒・無

自ら課題を見付け、主体的に解決する児童の育成
――極少人数教育の特性を生かして――

　本校は、東日本大震災及び原発事故による全村避難を経験し、その後、避難先等での学校再開を経て、平成三十年四月に地元で再開して四年目の学校である。

　現在は、全校生八名の極少人数であるが、その特性を生かしたきめ細かな指導と、電子黒板やデジタル教科書、タブレット等を有効に活用した個別最適な学びを目指し、児童が自ら課題を見付け、解決のために主体的に取り組む教育を推進している。極少人数の課題である協働的な学びについては、同じ課題をもつ他校と連携し、計画的に遠隔合同授業に取り組んでいる。また、恵まれたＩＣＴ環境を活用した交流をより効果的なものにするために、直接会う対面の交流も大切にしている。

〈近隣の教育・文化施設〉　震災・原発事故からの復興のため、胡蝶蘭やマンゴーの栽培、ハーブ鶏や乳牛の飼育など、新たな特産物や魅力を創造する取組が盛んである。

◇神奈川県茅ヶ崎市立香川《かがわ》小学校

①國分一哉　②三二一　③一〇三三　④神奈川県茅ヶ崎市香川一ー三三ー一　⑤〇四六七（五一）三二一五三　⑥ＪＲ相模線香川駅より徒歩七分　⑦ＨＰ㊒・無

互いを認め合える子どもの育成
——自然な異学年交流を通して——

学校教育目標「自分らしさを大切にし、お互いを認め合える子どもの育成」を達成するための一つの手段として、異学年交流に取り組んでいる。しかし、児童数が千人を超え、三十二学級の過大規模校である本校は、実施困難な場面も多々ある。そこで、日常生活から異学年交流が生まれるように、一年と六年、二年と五年の教室を隣（互い違い）に配置した。

成果として、○高学年の自覚がうまれ、必要とされていることで自尊感情が高まる。○一年は、六年がいることで、不安が軽減されている。○高学年から優しくされることで、自分たちも年下に優しくしたいという気持ちが高まる。など、自然な異学年交流から児童の成長や心情の変化がみられている。

〔近隣の教育・文化施設〕　学校北側約二キロに、相模国高座郡家《さがみのくにたかくらぐうげ》（郡《ぐん》衙《が》）と考えられる下寺尾官衙遺跡（西方遺跡）と下寺尾廃寺跡（七堂《しちどう》伽《が》藍跡《らんあと》）からなる「下寺尾官衙遺跡群《しもてらおかんがいせきぐん》」がある。

施設設備

令和４年度研究開発学校新規指定校（予算措置有り）

国公私	都道府県	学校名	研究開発課題
国	香川県	香川大学教育学部附属高松小学校	個の生活知を豊かにする新領域「経験」と、体験を価値の創造につなぐ「じぶん」の時間を創設し、経験から新たな知や価値をつくる教育課程に関する研究開発
公	愛知県	春日井市立出川小学校外１校	生涯にわたって自ら学びを進めていくことができる児童生徒の育成を目指した、これからの時代の学習の基盤となる資質・能力の育成に向けた教育課程及び指導方法に関する研究開発
国	奈良県	奈良女子大学附属小学校	様々な社会的変化を乗り越え、豊かな人生を切り拓く子どもを育成するため、自らの生活を語り発表する「かがやく時間」を新設し、力強く自分の考えを伝えようとできる言語能力を育成する教育課程を研究開発する
公	奈良県	奈良県立畝傍高等学校	社会が激しく変化し多様な課題が生じている中、課題の発見・解決や社会的な価値の創造に結びつける資質・能力を育成するため、各教科等の学びを基盤としつつ、様々な情報を活用しながらそれらを統合し、教科等横断的で協働的な学びを行う新教科「グロール探究」を設定し、研究開発を行う
国	東京都	筑波大学附属大塚特別支援学校	小学校 生活科、社会科との関連性、連続性をふまえた、知的障害のある児童生徒の「主体的な学び」につながる生活科、社会科の授業づくりと評価の検討
公	岩手県	住田町立世田米小学校外４校（延長）	子どもたちに新しい時代を切り拓くために必要な資質・能力や心の豊かさを育成するため、小・中・高等学校の滑らかな教育の接続を活かして、新たに教科「地域創造学」を新設した場合の教育課程、指導方法及び評価方法等の在り方に関する研究開発

（参考）令和４年度研究開発学校名目指定校（予算措置無し）

国公私	都道府県	学校名	研究開発課題
公	新潟県	上越市立大手町小学校	自分をつくり、未来を創る「自立」と「共生」を目指した６つの資質・能力を設定し、子供が資質・能力を統合して発揮する「探究」領域を中核に，論理的思考の育成を図る「論理」領域等を置いた教育課程の編成を提案する研究開発

岡山県小学校長会事務局　〒700-0823　岡山市北区丸の内１－２－12
TEL086-222-4314　FAX086-222-4307

広島県連合小学校長会事務局　〒732-0052　広島市東区光町１－11－５
チサンマンション1003号
TEL082-263-6381　FAX082-262-3822

山口県小学校長会事務局　〒753-0072　山口市大手町２－18
山口県教育会館内
TEL083-925-2919　FAX083-925-6776

徳島県小学校長会事務局　〒770-0003　徳島市北田宮１－８－68
徳島県教育会館内
TEL088-633-1525　FAX電話兼用

香川県小学校長会事務局　〒760-0004　高松市西宝町２－６－40
香川県教育会館402号
TEL087-861-0845　FAX087-861-0849

愛媛県小中学校長会事務局　〒790-8545　松山市祝谷町１－５－33
エスポワール愛媛文教会館内
TEL089-921-4320　FAX089-921-4943

高知県小中学校長会事務局　〒781-2120　吾川郡いの町枝川2410-7
中部教育事務所３階
TEL088-821-9520　FAX088-821-9521

福岡県小学校長会事務局　〒812-0053　福岡市東区箱崎２－52－１
福岡リーセントホテル１階
TEL092-292-2292　FAX092-292-2294

佐賀県小中学校長会事務局　〒840-0814　佐賀市成章町２－16
佐賀県婦人会館３階
TEL0952-24-8669　FAX電話兼用

長崎県小学校長会事務局　〒850-0029　長崎市八百屋町36
長崎県教育会館内
TEL095-823-3682　FAX095-821-8275

熊本県小学校長会事務局　〒862-0950　熊本市中央区水前寺３－30－31
熊本文教会館内
TEL096-384-3242　FAX096-384-7409

大分県小学校長会事務局　〒870-0951　大分市大字下郡496－38
大分県教育会館内
TEL097-556-2655　FAX097-535-7088

宮崎県小学校長会事務局　〒880-0027　宮崎市西池町９－８
宮崎県校長会館内
TEL0985-24-9981　FAX0985-32-8595

鹿児島県連合校長協会小学校長部会　〒890-0056　鹿児島市下荒田４－32－13
鹿児島県校長会館内
TEL099-257-9676　FAX099-257-9679

沖縄県小学校長会事務局　〒900-0014　那覇市松尾１－６－１
沖縄県教職員共済会館　八汐荘３階
TEL098-943-9747　FAX098-943-9748

全国連合小学校長会事務局　〒105-0003　東京都港区西新橋１－22－14
TEL03-3501-9288　FAX03-3501-7906
03-3501-9677

長野県小学校長会事務局	〒380-0846	長野市旭町1098 信濃教育会館４階 TEL026-234-3579　FAX026-234-3624
新潟県小学校長会事務局	〒950-0088	新潟市中央区万代１－３－30 万代シティホテルビル３階 TEL025-290-2231　FAX025-245-6060
岐阜県小学校長会事務局	〒500-8816	岐阜市菅原町3-3 岐阜県校長会館内 TEL058-265-0338　FAX058-263-8892
静岡県校長会事務局	〒420-0856	静岡市葵区駿府町１－12 静岡県教育会館４階 TEL054-251-4811　FAX054-251-4812
愛知県・名古屋市小中学校長会事務局	〒460-0007	名古屋市中区新栄１－49－10 愛知県教育会館６階 TEL052-261-8152　FAX052-261-6807
三重県小中学校長会事務局	〒514-0003	津市桜橋２－142 三重県教育文化会館内 TEL059-227-7011　FAX059-227-7317
富山県小学校長会事務局	〒930-0018	富山市千歳町１－５－１ 富山県教育記念館内 TEL076-441-1129　FAX076-441-1344
石川県小中学校長会事務局	〒920-0918	金沢市尾山町10－５ 石川県文教会館内 TEL076-262-4916　FAX076-262-9788
福井県小学校長会事務局	〒910-0854	福井市御幸３－10－20 近藤ビル１階 TEL0776-25-0142　FAX電話兼用
滋賀県小学校長会事務局	〒520-0051	大津市梅林１－４－15 教育会館内 TEL077-525-1011　FAX077-521-7345
京都府小学校長会事務局	〒612-0064	京都市伏見区桃山毛利長門西町 京都府総合教育センター内 TEL075-621-8123　FAX075-621-8123
大阪府小学校長会事務局	〒557-0014	大阪市西成区天下茶屋１－16－５ TEL06-4703-5428　FAX06-4703-5426
兵庫県小学校長会事務局	〒650-0044	神戸市中央区東川崎町１－３－２ 神戸市総合教育センター812号 TEL078-360-3820　FAX078-360-3520
奈良県小中学校長会事務局	〒634-0061	橿原市大久保町302－１ 奈良県市町村会館４階 TEL0744-29-8331　FAX0744-29-8332
和歌山県連合小学校長会事務局	〒640-8331	和歌山市美園町２－63 和歌山市立城東中学校内 TEL073-433-4661　FAX073-433-4677
鳥取県小学校長会事務局	〒680-0051	鳥取市若桜町31 カナイビル３階 TEL0857-29-4970　FAX0857-29-4972
島根県小学校長会事務局	〒690-0886	松江市母衣町55 島根県教育会館内 TEL0852-27-8530　FAX0852-67-3360

都道府県小学校長会事務局一覧

（令和４年４月現在）

北海道小学校長会事務局	〒060-0005	札幌市中央区北５条西６丁目１－23 第二北海道通信ビル306号 TEL011-218-9850　FAX011-218-9851
青森県小学校長会事務局	〒030-0822	青森市中央２－17－13 青森市立浦町小学校内 TEL017-777-9911　FAX017-777-9600
岩手県小学校長会事務局	〒020-0885	盛岡市紺屋町２－９ 盛岡市勤労福祉会館内 TEL019-623-8955　FAX019-623-8956
宮城県小学校長会事務局	〒980-0822	仙台市青葉区立町8-1 仙台市立立町小学校内 TEL022-398-3924　FAX022-398-3925
秋田県小学校長会事務局	〒010-0065	秋田市茨島１－４－71 秋田市教育研究所内 TEL018-827-7521　FAX電話兼用
山形県連合小学校長会事務局	〒990-0044	山形市木の実町12－37 大手門パルズ４階 TEL023-634-8555　FAX023-632-5748
福島県小学校長会事務局	〒960-8107	福島市浜田町４－16 富士ビル２階 TEL024-534-5411　FAX024-531-1195
茨城県小学校長会事務局	〒311-1125	水戸市大場町933－１ 教育プラザいばらき内 TEL029-269-1300　FAX029-269-1304
栃木県小学校長会事務局	〒320-0066	宇都宮市駒生１－１－６ 栃木県教育会館 ４階 TEL028-624-8170　FAX028-666-7123
群馬県小学校長会事務局	〒371-0801	前橋市文京町２－20－22 TEL027-223-7158　FAX027-223-7156
埼玉県公立小学校長会事務局	〒336-0021	さいたま市南区別所１－２－８ インテルＵ403 TEL048-711-9851　FAX048-711-9871
千葉県小学校長会事務局	〒260-0013	千葉市中央区中央４－13－10 千葉県教育会館内 TEL043-227-1441　FAX043-227-1444
東京都公立小学校長会事務局	〒105-0003	港区西新橋２－９－４ 川西ビル２階 TEL03-3506-1878　FAX03-3506-1879
神奈川県公立小学校長会事務局	〒220-0053	横浜市西区藤棚町２－197 神奈川県教育会館内 TEL045-242-7608　FAX045-242-7623
山梨県公立小中学校長会事務局	〒400-0031	甲府市丸の内３－33－７ 山梨県教育会館内 TEL055-226-0981　FAX055-226-0976

全国特色ある研究校・都道府県別索引

広報部会（令和３年度）

広報部長　横溝　宇人（東京都目黒区立中目黒小学校長）
広報副部長　平川　惣一（東京都江戸川区立第二葛西小学校長）
広報書記　志川　真一（長野県中野市立中野小学校長）
広報部員　折田　一人（群馬県前橋市立桃瀬小学校長）

シリーズ等編集委員会（令和３年度）

委員長　加納　一好（東京都渋谷区立千駄谷小学校長）
副委員長　高橋　広明（神奈川県横須賀市立田浦小学校長）
書　記　長井　圭子（埼玉県越谷市立大沢小学校長）
委　員　長谷川恭子（千葉県千葉市立海浜打瀬小学校長）
委　員　小尾　一仁（山梨県北杜市立長坂小学校長）

全国特色ある研究校便覧（令和４・５年度版）

令和４年５月27日　初版第１刷

編　者　全国連合小学校長会
代　表　大宇弘一郎

発行人　大平　聡
発行所　株式会社　第一公報社

〒112-0002　東京都文京区小石川４-４-17
電話 03（6801）5118　FAX 03（6801）5119
振替　東京00190-1-115569

印刷所　大村印刷株式会社

編者承認
検印省略

ISBN978-4-88484-125-6

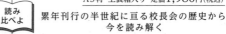

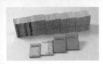

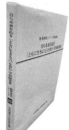

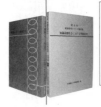